ARTHROSE

Gelenkbeschwerden

richtig und wirksam

selbst behandeln

Manfred Breddermann

ARTHROSE

Gelenkbeschwerden

richtig und wirksam

selbst behandeln

IMPRESSUM

2018 - Manfred Breddermann

1. Auflage

ISBN: 9 783748 101963

Herstellung und Verlag:

BoD- Books on Demand, Norderstedt

INHALTSVERZEICHNIS

Vorwort

Rückenbeschwerden hat heute wohl jeder und von Gelenkschäden bleiben immer weniger verschont. Die medizinische Behandlung beschränkt sich auf Schmerzmittel und auf Hinweise zur Gelenkoperation. Die Medizintechnik macht immer größere Fortschritte in der Verbesserung der Gelenk-Ersatzteile und Operationsverfahren. Die Gelenkerneuerung ist zur Routine geworden.

Mehr Bewegung wird zwar von allen Seiten gefordert, aber niemand tut es wirklich. Selbst die kostenlosen Bewegungskurse der Krankenkassen werden kaum beachtet. Vorbeugende Maßnahmen werden immer noch als lästig empfunden, Und für den Fall, dass irgendwann einmal Gelenkprobleme entstehen sollten, hat man ja seinen Arzt und eine teure Krankenkasse.

Allerdings kommt dann häufig der Schock, wenn der Arzt eine Arthrose diagnostiziert und Ihnen erklärt, dass Sie sich leider damit abfinden müssen. Da die Beschwerden nicht besser werden, sollten Sie sich bald um einen Operationstermin kümmern.

Es kann Sie vielleicht trösten, dass man auch mit einem Ersatz-Gelenk fast ohne Einschränkung weiter leben kann. Aber haben Sie auch wirklich eine Arthrose, die nicht mehr heilbar ist? Die Wahrscheinlichkeit ist sehr groß, dass Sie lediglich Schäden am Gelenkknorpel haben, auch wenn Ihr Arzt das bereits als Arthrose bezeichnet.

Der Unterschied ist aber sehr wesentlich. Die tatsächliche Arthrose ist zwar noch schmerzlindernd zu behandeln, aber der Zustand ist endgültig und unheilbar. Wer die Heilung einer Arthrose verspricht, hat entweder keine Ahnung, oder er will betrügen.

Demgegenüber sind Gelenkknorpelschäden sehr wohl noch behandelbar und unter bestimmten Voraussetzungen sogar heilbar.

Allerdings geht das weder durch Heilfasten noch mit den proklamierten Gelenkmitteln, wie Glucosamin, Chondroitin oder Hyaloronsäure.

Gelenkschäden können die verschiedensten Ursachen haben. Zum Beispiel angeborene Anomalien oder auch Unfälle, deren Auswirkungen sich häufig erst später zeigen. In erster Linie besteht die Ursache aber in der Veränderung unserer Lebensgewohnheiten. Wir haben uns zu einer „Sitzgesellschaft" entwickelt und leiden unter chronischem Bewegungsmangel.

Und darauf sind unsere Gelenke nicht eingerichtet. Die innere Versorgung unserer Gelenke erfolgt ausschließlich nur bei ausreichenden Gelenkbewegungen. Wenn wir diese Besonderheit in unserem Körpersystem nicht beachten, kommt es zu Knorpelschäden, die sich längerfristig zu einer Arthrose entwickeln können.

Bei der Behandlung von Schäden am Gelenkknorpel geht es daher nicht um eine Verbesserung der Versorgungsstoffe, sondern um die Sicherstellung der Versorgung selbst. Und das erreichen Sie nur durch eine ausreichende Gelenkbewegung. Die erforderlichen Nährstoffe produziert der Körper selbst in ausreichender Menge.

Der Gelenkknorpel besteht aus lebenden Zellen, die sich bei ausreichender Versorgung ständig regenerieren und zwar unabhängig vom Alter. Der übliche Hinweis auf Altersverschleiß ist unsinnig. Bei ausreichender Versorgung kann sich auch ein geschädigter Gelenkknorpel wieder vollständig regenerieren, das setzt aber voraus, dass noch genügend gesunde Zellen vorhanden sind.

Durch chronischen Bewegungsmangel werden aber nicht nur die Gelenkknorpel geschädigt, sondern ebenso auch die Muskeln. Für die schmerzfreie Beweglichkeit unserer Gelenke sind vorwiegend unsere Muskeln verantwortlich. Die Belastung unserer Gelenke wird ausschließlich von unseren Muskeln und Sehnen aufgenommen. Die Gelenkknorpel sind nicht ein Belastungspuffer, wie immer behauptet wird. Sie sind nur für das Gleiten im Gelenk zuständig. Und selbst das funktioniert sogar ohne Knorpel, wie bei jedem künstlichem Gelenk, wo die „Gelenkschmiere" ausreicht.

Unser Muskelsystem ist ein Wunderwerk an Feinabstimmung und Zusammenspiel. Dabei kann der einzelne Muskel sich nur zusammen ziehen, sich anspannen. Für die Entspannung ist die Anspannung seines jeweiligen „Gegenspielers" erforderlich. Und mit diesem System werden unsere Gelenkinnenflächen immer auf den gleichen Abstand gehalten, trotz unterschiedlicher Belastung.

Dementsprechend ist es so wichtig, die Leistungsfähigkeit unserer Muskeln zu erhalten. Ein nicht oder kaum beanspruchter Muskel baut seine Leistungsfähigkeit ab und schrumpft. Bei ständiger Überlastung kann es zu Blockaden kommen. Durch ausreichende Gelenkbewegungen kann das weitgehend verhindert werden. Bereits vorhandene Blockaden und Überlastungen müssen aber zuvor durch eine gezielte Muskelbehandlung beseitigt werden.

Die wirkungsvolle Behandlung beschränkt sich nicht auf kurzfristige Anwendungen. Sie bedingt ein kontinuierliches Ausführen von gezielten Übungen über einen längeren Zeitraum. Und das ist wiederum nur über eine Selbstbehandlung möglich.

Die empfohlenen Übungsprogramme sind entsprechend dem Erkrankungszustand unterschiedlich zusammen gestellt. Wenn es Ihnen schwer fällt, sich da einzuordnen, dann machen Sie nur die Übungen, die Ihnen ohne größere Schmerzen möglich sind. Vielleicht können Sie mit Ihrem Arzt abklären, wie weit Ihr Gelenkschaden fortgeschritten ist.

Auch wenn Sie noch keine Gelenk- oder Rückenschmerzen haben und sich wenig bewegen, empfehle ich Ihnen, zumindest die Basisübungen zu machen, Sie werden sich lebendiger fühlen und Gelenkschäden vermeiden.

Teil 1

Gelenk-Grundlagen

Falsche Diagnosen

Sie haben Beschwerden im Knie oder in Ihrer Hüfte und gehen zu Ihrem Hausarzt. Der überweist Sie zum Orthopäden, wo dann eine Röntgenaufnahme oder eine Kernspin-Tomographie gemacht wird.

Aus diesen Unterlagen ist nun erkennbar, dass der Gelenkspalt in Ihrem Gelenk an einigen Stellen sich verringert hat, was bedeutet, dass Ihr Gelenkknorpel hier verschlissen ist. Und die Diagnose Ihres Arztes wird „Arthrose" lauten.

So oder so ähnlich kommt es jährlich millionenfach zu diesen Diagnosen und ebenso millionenfach sind diese Diagnosen falsch. Nicht die Untersuchungen selbst, die sind schon wissenschaftlich exakt. Das Problem ist die Bezeichnung „Arthrose" bereits für alle Knorpelschäden.

Arthrosen entwickeln sich aus Knorpelschäden. Aber erst wenn neben den Knorpelschäden auch Veränderungen der Knochen eingetreten sind, liegt eine „Arthrose" vor. Bis dahin sind es nur Knorpelschäden.

Die Bezeichnung „Arthrose" ist hergeleitet aus der medizinischem Bezeichnung: „Arthrosis deformans", frei übersetzt: „deformiertes Gelenk". Als Abgrenzung zur Arthritis, den entzündlichen Gelenkerkrankungen, wird heute leider der Gesamtbereich der nicht entzündlichen Gelenkerkrankungen mit Arthrose bezeichnet

Warum ist die richtige Bezeichnung so wichtig? Es geht um die entscheidende Frage: "behandelbar und heilbar", oder nicht? Arthrose ist nicht heilbar und nur eingeschränkt behandelbar. Demgegenüber sind Knorpelschäden erfolgreich zu behandeln und unter bestimmten Voraussetzungen sogar vollständig zu heilen.

Und wegen dieser falschen Diagnosen, wird auch millionenfach die Chance vertan, Arthrose noch zu verhindern. Stattdessen nimmt die Zahl der künstlichen Gelenke ebenso millionenfach zu.

Wenn nun diese Unterscheidung so wichtig ist, warum wird das von unseren Ärzten ignoriert? Ich glaube, dass es an der Überzeugung der Ärzte liegt, weder bei Arthrose noch bei Knorpelschäden entscheidend helfen zu können, und auch dass Knorpelschäden zumindest die Vorstufen von Arthrosen sind.

Zudem sind unsere Ärzte nicht nur von ihren Vorschriften abhängig, sie sind auch in die „medizinische Meinung" eingebunden, die in Deutschland in manchen Bereichen um Jahrzehnte nachhinkt. Zum Beispiel waren bis vor wenigen Jahren angesehene Medizinexperten immer noch der Meinung, sich im Alter möglichst wenig zu bewegen, da sonst der Restknorpel verbraucht wird. Oder dass Gelenkschäden und Arthrose durch eine Verkalkung der (nicht vorhandenen) Versorgungsarterie entstehen.

Entsprechend wenig Überzeugendes für eine wirksame Behandlung von Gelenkschäden findet sich bis heute in der medizinischen Fachliteratur. Über eine Veröffentlichung der „Deutschen Arthrose-Hilfe e.V." (Heft 8, 1990) stieß ich bereits vor vielen Jahren auf einige kanadische Forschungsergebnisse über die Heilung von geschädigtem Gelenkknorpel. Was bis heute in Deutschland noch weitgehend bestritten wird.

Die wesentliche Aussage dieser Forschungen war, dass der Gelenkknorpel sich ständig regeneriert, auch wenn er schon vorgeschädigt ist. Voraussetzung ist eine möglichst belastungsfreie, kontinuierliche Gelenkbewegung über längere Zeiträume.

Die Diagnose „Arthrose" kann für den Patienten fatale Folgen haben. Er wird der Empfehlung folgen, sich rechtzeitig auf eine Gelenkoperation einzurichten und vorsorglich seine Gelenke schonen und damit einer schnelleren Entwicklung zur Arthrose noch Vorschub leisten.

Wie wenig verantwortungsvoll mit der Feststellung einer „Arthrose" umgegangen wird, zeigt das folgende Beispiel: Eine verzweifelte Mutter brachte ihren 16 jährigen Sohn in meine Praxis. Der Arzt hatte bei ihm eine Kniearthrose festgestellt, ein absolutes Sportverbot erteilt und für das Knie eine Dauerbandage verordnet. Nun war dieser junge Mann aber sehr sportbegeistert und sportlich begabt, mit der Aussicht bald Profi- Basketballspieler zu werden. Jetzt sollte das alles zu Ende sein.

In der mitgebrachten Kernspin-Tomographie war zwar eine geringfügige Knorpelabnutzung zu erkennen, auch traten nach einem harten Training Kniebeschwerden auf. Diesen Zustand aber als eine unheilbare Arthrose zu bewerten und eine weitere Behandlung auszuschließen, war nicht nur falsch, sondern auch unverantwortlich. Nach einem längerfristigen Übungsprogramm war der junge Sportler wieder beschwerdefrei. Ich fand seinen Namen später in einem Bericht über eine Bundesligamannschaft.

Falsche Heilversprechen

Die Arthrose ist eine unheilbare Gelenkerkrankung. Für eine weitere Behandlung gibt es außer Schmerzmittel keine Medikamente. Sie kann nur noch durch eine Operation beseitigt werden. Arthrose ist nicht heilbar, wer eine Heilung verspricht, ist ein Scharlatan oder er verwechselt Arthrose mit Knorpelschaden.

Dennoch gibt es unzählige Bücher, Veröffentlichungen und Wundermittel, die eine solche Heilung proklamieren. Und dieser betrügerischen Verdummung wird kaum widersprochen, weil die „wissenschaftliche" Medizin den Begriff „Arthrose" selbst „aufgeweicht" hat.

Veränderungen am Gelenkknorpel sind Knorpelschäden und keine Arthrosen. Bei der Arthrose (Arthrosis deformans) ist das Knochengerüst des Gelenks verformt oder geschädigt. Und kein Heilmittel oder Verfahren kann daran etwas ändern.

Nun könnten die „Arthrose-Heiler" dahin ausweichen und entsprechend der ärztlichen Diagnose auch Knorpelschäden unter „Arthrose" verstehen. Aber auch das ändert an der Kritik der Heilversprechen nichts Wesentliches.

Knorpelschäden sind zwar unter bestimmten Voraussetzungen heilbar, aber nicht mit dem, was allgemein angeboten wird. Weder durch Heilfasten und Ernährungsumstellung, noch mit Glucosamin, Chondroitin oder Hyaloronsäure können Knorpelschäden geheilt werden.

Wenn Hyaloronsäure direkt in das Gelenk injiziert wird, kann zwar sofort eine wesentliche Verbesserung eintreten, aber ich warne vor dieser Anwendung. Einer meiner Patienten hatte sich die Hyaloronsäure in das Kniegelenk injizieren lassen. Er berichtete mir freudestrahlend, dass er absolut schmerzfrei sei und wieder Tennis spielen konnte. Nach etwa einem halben Jahr stand er allerdings wieder in meiner Praxis mit einem fast steifen Knie.

Die Gefahr bei solchen Injektionen besteht darin, dass durch den Überschuss an Gelenkschmiere die Eigenproduktion gedrosselt wird und vor allem, dass die vermehrten Stoffwechselrückstände nicht ausreichend entsorgt werden. Der Eingriff in solche sensiblen Vorgänge ist immer riskant.

Knorpelschäden und Arthrosen sind keine Erkrankungen, die bekämpft werden können, sie sind das Ergebnis chronischer Fehlentwicklungen im Gelenkbereich. Die Grundlage einer wirksamen Behandlung besteht daher im Aufhalten weiterer Fehlentwicklungen und in der Erreichung von Voraussetzungen, die eine Regeneration möglich machen. Das ist weder mit Medikamenten noch mit den häufig angepriesenen Arthrosemitteln möglich. Erreichbar ist dies nur mit angepassten Bewegungsübungen und ergänzenden Muskelbehandlungen.

Das Versorgungssystem

➤ die Ernährung des Gelenkknorpels erfolgt ausschließlich über die Gelenkschmiere (Synovia)

➤ die Gelenkschmiere wird durch Diffusion über die Innenhaut der Gelenkkapsel (Synovialis) in das Gelenkinnere abgegeben

➤ die Gelenkinnenhaut wird von zahlreichen Blutgefäßen versorgt, das Gelenkinnere ist nicht an das Blutgefäß-System angeschlossen

➤ die Abgabe der Gelenkschmiere in den Innenbereich und ihre Verteilung auf den Knorpelflächen geschieht nur bei Bewegung der Gelenke

➤ Ernährung bedingt Stoffwechsel. Die anfallenden Schlacken- und Abfallprodukte müssen nach gleichem System ausgeschieden werden

➤ fehlende Bewegung verursacht daher nicht nur einen Ernährungsmangel, sondern auch Stoffwechselstörungen im Gelenk

Ursachen der Gelenkschäden

Die verschiedensten Ursachen können zur Entwicklung von Gelenkschäden führen. Unter anderem Unfälle und angeborene Anomalien. Diese Ursachen können wir nicht mehr ändern und nur noch bedingt beeinflussen. Demgegenüber gibt es aber die Ursachen, die wir selbst verantworten müssen und denen wir die bedrohliche Zunahme an Erkrankungen verdanken. Das sind im Wesentlichen der chronische Bewegungsmangel und die chronischen Fehlbelastungen.

Aber zunächst als Abgrenzung die Ursachen, die entgegen vorherrschender Meinung keine Ursachen sind, bei denen Häufigkeit und Ursache verwechselt werden:

Gelenkschäden und Arthrosen sind keine Altersverschleiß-Erkrankungen. Es ist zwar richtig, dass im Alter die Arthrose wesentlich häufiger auftritt als in jüngeren Jahren. Dies ergibt sich aber aus der in der Regel langsamen Entwicklung der Schäden und aus dem Zusammentreffen verschiedener, altersbedingter Faktoren, wie zum Beispiel Untätigkeit und Muskelschwund. Die Gelenkknorpel erneuern sich ständig, unabhängig vom Alter. Gäbe es den Altersverschleiß, dann müsste doch im Grunde jeder alte Mensch unter Arthrose leiden und das ist sicherlich nicht so.

Gelenkschäden und Arthrosen sind auch keine Folgen von Übergewicht. abgesehen von einem extrem hohen Übergewicht, bei dem die ganze Körperhaltung aus dem Gleichgewicht kommt. Eine Mehrbelastung von 10 bis 20 Kilogramm bedeutet für die Gelenke kein Problem. Die Lastübertragung erfolgt schadlos über die entsprechenden Muskeln, der Innendruck im Gelenk bleibt davon unberührt.

Chronischer Bewegungsmangel

Der chronische Bewegungsmangel ist heute zivilisationsbedingt die hauptsächlichste Ursache für Gelenkerkrankungen. Bei Bewegungsmangel bleibt nicht nur der Gelenkknorpel unterversorgt, auch das Gelenk stützende Muskelsystem wird geschwächt. Der Gelenkknorpel kann sich nicht mehr ausreichend regenerieren, so dass auch mögliche Schäden aus anderen Ursachen nicht mehr ausgeglichen werden können.

Ausreichende Gelenkbewegungen sind für den Gelenkknorpel lebensnotwendig. Während alle anderen Körperzellen automatisch über den Blutkreislauf versorgt werden, ist die Gelenkknorpelzelle nicht am Blutkreislauf angeschlossen. Die Blutversorgung für das Gelenk endet an der Gelenk Innenhaut. Dort wird die Gelenkschmiere (Synovia) erzeugt, die als Gleitschicht dient und vor allem die Knorpelzellen mit Nahrung versorgt und die Stoffwechselprodukte entsorgt. Die Verteilung der Gelenkschmiere auf die Knorpelfläche geschieht nur durch Gelenkbewegungen. Ein unterversorgter Gelenkknorpel wird spröde, produziert Enzyme, die eine normale Knorpelerneuerung unterdrücken und löst sich so mit der Zeit selbst auf.

Was bedeutet chronischer Bewegungsmangel und wann sind die Bewegungen ausreichend? Dafür gibt es keine individuellen Richtlinien. Als grobe Abgrenzung dient folgender Vergleich: Unser Körpersystem hat sich über sehr lange Zeiträume entwickelt und den Lebensumständen angepasst, an die Entwicklung unseres heutigen, technischen Zeitalters natürlich noch nicht. Wie viel an täglicher Bewegung ersetzen Sie durch Sitzen im Auto, am Schreibtisch, am Computer oder am Fernseher? Das ist der ungefähre Maßstab für Ihren Bewegungsmangel.

Wenn Ihre sitzende Beschäftigung regelmäßig mehrere Stunden dauert, sollten Sie unbedingt für einen entsprechenden Ausgleich sorgen. Auch wenn Sie noch keine Beschwerden spüren, Ihr Gelenkknorpel leidet bereits. Der einfachste Ausgleich kann darin bestehen, dass Sie zwischendurch mal aufstehen, mehrere Schritte machen und eine kleine Bewegungsübung ausführen, zum Beispiel zehn Mal die Hacke-Zehen Schaukel. Wenn Sie regelmäßig das befolgen, ist es wirksamer als einmal in der Woche Sport zu betreiben.

Welche Möglichkeiten gibt es, unseren chronischen Bewegungsmangel sinnvoll auszugleichen? Wer möglichst täglich läuft, schwimmt oder Rad fährt, benötigt zusätzlich keine Ausgleichsübungen. Für alle anderen, die das nicht können oder wollen, sind aber Ausgleichsübungen erforderlich.

Das müssen nicht unbedingt meine empfohlenen Übungen sein, es gibt viele andere gute Übungsprogramme, die Ihnen vielleicht besser gefallen. Sie können auch Ihr eigenes Übungsprogramm zusammenstellen. Wichtig ist, dass Sie sich ausreichend bewegen und das täglich.

Das folgende Übungsprogramm ist mein persönliches Programm, das ich seit vielen Jahren täglich ausführe. Es trägt wesentlich dazu bei, dass ich jetzt im höheren Alter noch sehr gut beweglich und beschwerdefrei bin. Die einzelnen Übungen sind Bestandteile meiner langjährigen Behandlung von Gelenkproblemen meiner Patienten.

Welche Voraussetzungen sollten wirksame Ausgleichsübungen erfüllen? Zum Vergleich nehme ich die ideale Ausgleichsübung, den Waldlauf:

Der Waldlauf bietet folgende besondere Merkmale: Die Gelenke werden bewegt bei einer ausgewogenen Belastung – alle Muskel des Bewegungsapparates werden an- und entspannt – die Atmung wird vertieft und die Sauerstoffaufnahme verstärkt – durch Anstrengung und Bewegung wird der Kreislauf angeregt.

In den Basisübungen finden Sie diese Merkmale wieder. Im Vordergrund steht die Bewegung der Bein- und Fußgelenke. Aber auch der gesamte Bewegungsapparat wird angesprochen. Ein wichtiger Bestandteil ist die Atmung. Nicht nur im Sitzen, sondern immer atmen wir nur „flach", der größte Teil der Lungen wird kaum genutzt. Daher wird in den Übungen die Tiefatmung in mehreren Varianten ausgeführt, um die Lungen zu belüften.

Die Atemübungen und die Standübungen sollten möglichst im Freien durchgeführt werden, zu mindest bei geöffnetem Fenster. Der Zeitpunkt für die Übungen spielt keine Rolle, allerdings nicht unmittelbar nach dem Essen. Sie brauchen für die Übungen keine Vorbereitung. Die Übungen dauern nur wenige Minuten.

Chronische Fehlbelastungen

Chronische Fehlbelastungen führen zu einer Überlastung der betroffenen Muskelbereiche mit der Folge von Muskelstörungen und Einschränkung der Muskelfunktion. Fehlbelastungen sind Lastwirkungen außerhalb des Achsensystems, die vom Haltesystem der Muskeln aufgenommen und in eine zentrierte Belastung umgewandelt werden müssen. Das bedeutet für die Gelenke ein Verlust der Schutzfunktion der Muskeln. Die gelenknahen Muskeln übernehmen nicht nur die Lastübertragung am Gelenk, sondern garantieren auch in feinmotorischer Abstimmung den gleichmäßigen Abstand der Gelenkinnenflächen. Wird dieser Schutzmechanismus gestört, entsteht eine erhöhte Randbelastung der Knorpelschicht, der Gelenkknorpel wird dann schneller abgebaut, als er sich wieder erneuern kann.

Eine typische Fehlbelastung ist bei X oder O-Beinen zu erkennen. Die Belastungsachse verläuft hier seitlich der Knie-Mittelachse, wodurch die seitlichen Muskelbereiche unterschiedlich beansprucht werden. Diese angeborene Anomalie muss aber nicht zwangsläufig zu einer Arthrose führen.

Schwerwiegender sind die Anomalien, die durch Unfälle entstehen. Jede kleine verbleibende Veränderung am Knochengerüst verursacht eine Fehlbelastung, die sich auf die Gelenke langfristig auswirkt. Wenn zum Beispiel bei einem Bruch des Schlüsselbeins die Bruchstelle nicht ganz glatt wieder zusammenwächst, wird durch die Längen Änderung die Wirbelsäule entsprechend verbogen, mit Auswirkung auf das Stützsystem.

Ein häufiger Ausgangspunkt für eine spätere Hüftgelenk Arthrose ist die Beschädigung, beziehungsweise Verschiebung eines Kreuzbeingelenks. Dies kann bei jedem Sturz auf das Gesäß oder auf den Rücken passieren. Kleine bleibende Verschiebungen verlaufen hier meist schmerzlos und unbemerkt, bewirken aber eine Verkantung im Hüftgelenk mit entsprechenden Folgen.

Chronische Fehlbelastungen entstehen auch durch dauernde Fehlhaltungen. Die einseitige Belastung der Schulkinder durch schwere Schultaschen ist mit dem Schultornister glücklicherweise beendet. Wir sitzen aber weiterhin mit krummen Rücken, stehen überwiegend nur auf einem Bein oder müssen kniende Arbeiten verrichten.

Eine bisher wenig beachtete, aber uns alle betreffende Ursache, ist das im Alter beginnende Schrumpfen und Verkürzen unserer Muskeln. Das macht sich besonders bemerkbar beim Muskel Iliopsoas, der wichtige und große Hüft-Lendenmuskel an beiden Körperseiten. Dieser Muskel ermöglicht uns das Gehen und eine aufrechte Haltung, und wenn der schrumpft, werden wir nicht nur kleiner sondern auch krummer.

Durch die Verkürzung des Iliopsoas kippt unser Becken allmählich frontal ab. Um aufrecht zu bleiben gehen wir kompensatorisch in die Knie. Dies bewirkt eine chronische Fehlbelastung für die Hüft- und Kniemuskulatur. Die Folgen sind Rücken- und Kreuzschmerzen, Gelenkbeschwerden und Arthrosen. Viele Hüftgelenkarthrosen beginnen mit Leistenschmerzen, genau im Bereich des Iliopsoas. Durch rechtzeitiges, gezieltes Training dieser Muskeln kann dieses Problem relativ leicht verhindert werden.

Das Arthrose-Risiko

Entsprechend unserem heutigen Sitzverhalten ist die Wahrscheinlichkeit groß, bei irgendeinem Gelenk bereits einen Knorpelschaden zu haben. Zur Vorbeugung weiterer Schäden, ist es notwendig, unseren Bewegungsmangel ernsthaft auszugleichen.

Dabei müssen Knorpelschäden, auch ohne Behandlung, nicht zwangsläufig zur Arthrose führen. Der Umfang der Schäden wird zwar immer größer, aber die weitere Entwicklung kann Jahre und Jahrzehnte dauern. Kommen aber Bewegungsmangel und Fehlbelastung zusammen, kann es sehr schnell zu einer Arthrose kommen.

Solange das Verbundsystem von Gelenken und Muskeln funktioniert, bleiben die gleitenden Gelenk Innenflächen weitgehend belastungsfrei. Ein gewisser Auflagerdruck ist zwar vorhanden, aber der wird vom Muskelsystem in Feinabstimmung dosiert und ist immer zentriert, das heißt, der Druck ist gleichmäßig verteilt.

Auch chronische Fehlbelastungen werden vom Muskelsystem zunächst aufgefangen, aber nicht auf Dauer. Wird ein Muskelbereich ständig überfordert, geht die notwendige Feinabstimmung verloren. Die einseitige Überbelastung des Gelenks überträgt sich auf die Gelenk Innenflächen und verursacht einen erhöhten Knorpelabrieb, meist einseitig.

Der weitere Verlauf ist jetzt von der Qualität der Knorpel und von der inneren Versorgung abhängig. Ein gesunder Knorpel mit ausreichender Gelenkschmiere kann die Gleitfähigkeit des Gelenks, trotz Abrieb noch gewährleisten, zumindest noch über einen längeren Zeitraum.

Ist das innere Gelenk jedoch unterversorgt und der Knorpel spröde, wird nicht nur der Knorpel schneller abgebaut, es kommt auch bald zum Aufrauhen der Gleitfläche und zu Schäden an den Gelenkknochen.

Teil 2

Empfohlene Behandlung

Behandlungsgrundlagen

Die Grundlage der Gelenkbehandlung ist eine schmerzfreie, kontinuierliche Gelenkaktivierung mit dem Ziel, den Gelenkknorpel wieder aufzubauen und die Muskelfunktion wiederherzustellen. Diese Selbstbehandlung besteht aus Bewegungsübungen, Muskelbehandlungen und ergänzenden Übungen. Alle Übungsteile werden in einem gesonderten Abschnitt detailliert beschrieben.

Die Basisübungen sind so eingestellt, dass sie bei allen Formen nichtentzündlicher Gelenkerkrankungen genutzt werden können, ebenso als Vorbeugeübung und auch zur Nachbehandlung von Operationen. Für die unterschiedlichen Erkrankungsstufen verändern sich nur die Intensität und die Häufigkeit der Anwendung. Das wichtigste Kriterium ist die schmerzfreie Ausführung. Sobald bei einer Übung Schmerzen entstehen, darf sie nicht mehr ausgeführt werden. Weiter unten finden Sie eine Zuordnung der Übungen nach der Unterteilung in verschiedene Stufen von Gelenkschäden. In den einzelnen Übungsbeschreibungen finden Sie weitere Hinweise für die Zuordnung.

Gelenkknorpelaufbau

Mit den Bewegungsübungen soll sichergestellt werden, dass die Gelenkknorpelzellen ausreichend versorgt und die Stoffwechselprodukte entsorgt werden. Die Knorpelzelle ist wie jede andere Körperzelle eine lebende Zelle. Wie jede andere Zelle muss sie versorgt und entsorgt werden um sich ständig, altersunabhängig zu erneuern. Dies geschieht, wie bereits erwähnt, bei der Gelenkknorpelzelle allein über die Verteilung der Synovia, der Gelenkschmiere. Nur über Gelenkbewegungen ist diese Verteilung über die Knorpelflächen im Gelenkspalt möglich. Bei einer Unterversorgung werden die Knorpelzellen nicht nur an ihrer Erneuerung behindert, sondern werden auch spröde und schneller abgerieben. In dem nicht entsorgten Stoffwechsel entwickeln sich Enzyme, die zur Zellauflösung führen.

Eine ausreichende Gelenkbewegung ist somit für den Gelenkknorpel lebensnotwendig. Was bedeutet aber nun „ausreichend"? Es gibt dafür keine Bedienungsanleitung, aber wir können uns grob daran orientieren, unter welchen Lebensbedingungen die Körperfunktionen erschaffen wurden oder sich entwickelt haben. Das bedeutet sicherlich nicht, dass die Gelenke ununterbrochen bewegt werden müssen und es gibt auch schon eine größere Toleranzbreite. Aber offensichtlich haben wir heute diese Toleranzgrenze erreicht und überschritten.

Was bedeutet das konkret? Unsere technischen Errungenschaften haben uns davon befreit, zwangsläufig aus Existenzsicherung herumzulaufen und uns zu bewegen. Jetzt müssen wir freiwillig aus Gesundheitsgründen für einen entsprechen Ausgleich sorgen. Dazu brauchen wir die mit Sitzen verbrachte Zeit natürlich nicht eins zu eins ausgleichen.

Für den noch gesunden Gelenkknorpel ist es ausreichend, alle ein bis zwei Stunden das Sitzen zu unterbrechen und sich ein paar Minuten zu bewegen, am besten mit einer Bewegungsübung. Wenn Sie sich generell sehr wenig bewegen, sollten Sie zur Vorbeugung von Gelenkschäden täglich einige Minuten für die Basisübungen einplanen.

Aber Beschwerdefreiheit ist noch keine Garantie für gesunde Gelenke. Eine Vergleichsstudie brachte dazu ein bedrohliches Ergebnis: Eine umfangreiche Anzahl von Probanden mit Gelenkbeschwerden wurde verglichen mit einer gleichen Zahl von Probanden ohne Beschwerden. Das erstaunliche Ergebnis war, dass die Häufigkeit von Gelenkknorpelschäden für beide Gruppen annähernd gleich war.

Gelenkschäden entwickeln sich über viele Jahre vom schmerzlosen Knorpelschaden bis zur Arthrose. Dazwischen gibt es alle Stufen der Schädigung. Mit Ausnahme der Arthrose ist für alle Zwischenstufen das Behandlungsziel gleich: *Wiederherstellen der reibungslosen Gleitfähigkeit der Gelenkinnenflächen, Regeneration der Knorpelzellen und Verbesserung der Muskelfunktionen.*

Die Behandlung von Gelenkschäden ist keine kurzfristige Angelegenheit. Sie besteht aus einer Therapie, die nur dann erfolgreich ist, wenn sie kontinuierlich über längere Zeit ausgeführt wird. Im Gegensatz zu den Vorbeugemaßnahmen, bei denen Sie die Bewegungsart frei wählen können, sind es bei der Therapie bestimmte Übungsformen, die ständig wiederholt werden müssen. Das Vorbeugen von Schäden ist auf jeden Fall einfacher als eine Behandlung.

Seit längerer Zeit werden in einigen Kliniken, überwiegend in den USA und in Kanada, zur Knorpelheilung spezielle Geräte eingesetzt, mit denen die Gelenke ohne Muskelbeteiligung bewegt werden. Über die Erfolge dieser Anwendungen gibt es umfangreiche, wissenschaftliche Studien. In den Veröffentlichungen der „Deutschen Arthrose-Hife e.V." wurde im Heft Nr. 8, Seite 4 bis 6 über eine solche Studie ausführlich berichtet. Auf vergleichbarer Grundlage sind meine Pendelübungen entwickelt worden, die Gelenke werden weitgehend passiv ohne Muskelanspannung bewegt.

Für die Ausführung der Übungen benötigen Sie keine Geräte und auch keine besondere Vorbildung. Sie können sich aber Ihre Therapie wesentlich erleichtern, wenn Sie ein Ergometer dazu benutzen. Eine preisgünstige Ausführung reicht dafür aus und ein Platz dafür sollte auch kein Problem sein.

Bei den Übungen für den Aufbau der Gelenkknorpel, stehen die beiden großen Gelenke, das Hüftgelenk und das Kniegelenk im Mittelpunkt. *Unabhängig davon, wo ein Knorpelschaden festgestellt wurde, sollten auf der betreffenden Seite immer beide Gelenke behandelt werden.* Veränderungen in einem Gelenk belasten auch das andere Gelenk. Zudem verbindet das Muskelsystem beide Gelenke

Muskelaktivierung

Bei der Muskelbehandlung geht es im Wesentlichen darum, die Muskeln zu entspannen und zu aktivieren. Das erreichen Sie mit bestimmten Handgriffen, die detailliert beschrieben werden. Auch hier gibt es die Möglichkeit, die Therapie zu erleichtern, wenn Sie einen ausgewählten Teil aus der Quantentherapie nutzen. Wer es sich zutraut, kann auch die „Quaddelmethode" aus der Neuraltherapie einsetzen. Beide Zusatzmöglichkeiten sind bei den Ergänzungstherapien beschrieben.

Die Muskelfunktion bestimmt die Stabilität und Beweglichkeit des gesamten Bewegungsapparates. Knochen, Bänder und Sehnen sind Aussteifungen, die von der Muskulatur in der erforderlichen Lage und Stellung gehalten oder dorthin bewegt werden. Die Lastübertragung im Gelenkbereich erfolgt durch Muskelanspannung. Um gleichzeitig die Bewegungen zu ermöglichen, ist ständig eine komplexe Feinabstimmung erforderlich.

Dabei kann ein Muskel oder eine Muskelgruppe immer nur in eine Richtung Arbeit leisten, ein Muskel kann sich nur verkürzen und damit anspannen. Für einen Bewegungsablauf sind daher immer mehrere Muskeln oder Muskelbereiche in Aktion mit unterschiedlicher Anspannung. Der angespannte Muskel kann sich aber nicht selbst aus seiner Anspannung lösen, es bedarf dazu die Anspannung seines Gegenspielers. Die einzelnen Muskelfasern sind umgeben von Muskelhüllen, den Faszien, in denen er gleitet und über die er seine energetischen Impulse empfängt.

Durch Störungen am Bewegungsapparat entstehen für die angrenzenden Muskelbereiche einseitige, erhöhte Belastungen und Längen Änderungen. Der eine Teil der Muskeln wird überfordert und bleibt verspannt, der andere Teil bleibt unterfordert und erschlafft. Durch das fehlende Wechselspiel von An- und Entspannung wird die Gleitfähigkeit innerhalb der Hülle herabgesetzt, der Muskel „verklebt" in den Faszien. Der höchst komplexe Ablauf der Muskelfunktion ist hier nur vereinfacht dargestellt.

Die Behandlung richtet sic nach dem Entwicklungszustand der Schäden. Da der Ihnen aber meist nicht bekannt ist, bleibt nur die Unterscheidung nach den Schmerzzuständen. Auf den nächsten Seiten finden Sie die Empfehlungen für Ihre Selbstbehandlung nach folgender Aufteilung:

I.   **Vorbeugung von Gelenkschäden**
II.   **Knorpelschäden ohne Schmerzen**
III. **Knorpelschäden mit Schmerzen**
IV.   **Arthrose**
V.   **Rückenbeschwerden**

I Vorbeugung von Gelenkschäden

Empfohlene Behandlung:

> **Basisübungen**
> **B1: Beinlockerung**
> **C3: Vollatmung**
> **D2: Rückenrolle**
> **D5: Liegestützschwingen**
> **E2: Körperstreckung**

> **Bewegungsübungen**
> **täglicher Spaziergang**

Sie haben keine Gelenkbeschwerden und auch keine festgestellte Gelenkschädigung. Was können Sie zur Vorbeugung tun, mit möglichst geringem Aufwand? Das hängt im Wesentlichen davon ab, wie Sie Ihren üblichen Alltag gestalten.

Wenn Sie sich tagsüber ausreichend bewegen und das auch teilweise im Freien, dann brauchen Sie kein weiteres Übungsprogramm. Allerdings gibt es für „ausreichend" keinen verbindlichen Maßstab. Betrachten wir einmal unsere Gelenk-Knorpelzellen als lebendige Wesen, die nur bei Bewegung ver- und entsorgt werden. Wie viel Zeit benötigen Sie für Ihr Essen und Trinken?

Natürlich kann man das nicht vergleichen, aber 4 bis 5 Mal am Tag die Gelenke einige Zeit zu bewegen, kann nicht verkehrt sein. Mir geht es jedoch darum, sich der Notwendigkeit bewusst zu werden, dass man durch unzureichende Bewegung, die eigenen Zellen verhungern lässt.

Wenn Sie den Tag mit einem Waldlauf beginnen, oder mit Schwimmen oder Radfahren, dann reicht das für den Tag aus. Das gleiche gilt für anstrengende Gartenarbeit und selbstverständlich auch für alle körperlichen Arbeiten. Körperliche Arbeiten belasten uns meist nur einseitig, daher wären hier einige Lockerungsübungen notwendig.

Gleich, was wir am Tag veranstalten, wir bewegen uns immer, selbst wenn wir sitzen. Viel gesessen haben wir schon immer, aber jetzt sitzen wir vor dem Computer und dem Fernsehapparat und da bewegt sich kaum noch etwas. Dieses schockartige Verharren, diese Bewegungslosigkeit über Stunden schadet nicht nur unseren Gelenken und Muskeln, es belastet auch unseren Kreislauf und verursacht Thrombosen.

Aber niemand kann Sie zwingen, ausgleichende Bewegungsübungen zu machen oder die Basisübungen zu nutzen. Und es ist ja auch nicht sicher, ob Ihre Gelenke geschädigt werden. Nur, wenn die ersten Beschwerden auftreten, wird alles etwas schwieriger. Sie müssen sich jetzt bewegen und jede Bewegung kann Ihnen wehtun.

Solange Sie beschwerdefrei sind, können Sie sich die Art der Bewegung aussuchen und das aus wählen , was Ihnen Freude macht. Jede Sportart steht Ihnen da zur Verfügung.

Die sicherste Vorbeugung erreichen Sie mit den Basisübungen. Betrachten Sie aber diese Übungen nicht nur als Vorbeuge-Maßnahmen, sondern auch als Basis für Ihr körperliches Wohlbefinden. Sie schlafen danach nicht nur besser, Sie wachen auch am anderen Morgen mit einem besseren Körpergefühl auf.

Solange Sie noch keine Beschwerden haben, müssen Sie auch nicht das ganze Programm der Basisübungen durchführen. Bei einem Kurzprogramm sollten aber die folgenden Übungsteile nicht fehlen:

- B-1: Beinlockerung
- C-3: Vollatmung
- D-2: Rückenrolle

Und wenn Sie im Alter nicht „krumm" werden wollen, wären für Sie die beiden Übungen gegen das Schrumpfen der Lendenmuskel wichtig:

- D-5: Liegestützschwingen
- E-2: Körperstreckung
- Und ein regelmäßiger Spaziergang von mindestens 10 Minuten

II Knorpelschaden ohne Schmerzen

Empfohlene Behandlung:

> **Basisübungen**
> **Knorpel- und Muskelaufbau**
> **Bewegungsübungen**

Was können Sie tun, wenn bei Ihnen ein Knorpelschaden festgestellt wurde, zum Beispiel eine Gelenkspaltverengung? Soweit Sie keine, oder nur geringfügige Beschwerden haben, wie zum Beispiel beim Aufstehen nach längerem Sitzen oder nach längerem Gehen, haben Sie sehr wahrscheinlich noch keine Arthrose.

Die Bezeichnung „Gelenkspalt" ist leicht irreführend. Zwischen den Gelenkknochen gibt es keinen Hohlraum. Es ist die Knorpelschicht, die im Röntgenbild als Hohlraum erscheint. Eine Gelenkspaltverengung zeigt die Abminderung der Knorpelschicht. Auch mit verringerter Knorpelschicht bleibt das Gelenk funktionsfähig. Da die Knorpelschicht aber gleichsam wie ein Schwamm der Vorratsraum für die Gelenkschmiere ist, wird die Toleranz für Bewegungsmangel geringer. Nach längeren Ruhepausen können die Gelenke „steif" werden, was sich nach einigen Schritten wieder reguliert.

Neben den täglichen Basisübungen sind jetzt zusätzliche Gelenkbewegungen erforderlich. Dafür sind die drei Pendelübungen vorgesehen. Soweit vorhanden, können Sie auch ein Ergometer nutzen, das den Vorteil hat, Hüft- und Kniegelenk gleichzeitig behandeln zu können. Anstelle des Ergometers können Sie Ihre Gelenke auch oder zusätzlich mit Radfahren bewegen und zusätzlich frische Luft atmen. Aber es geht hier um die regelmäßige, mindest tägliche Übung und das ist per Rad kaum möglich. Überprüfen Sie Ihre Muskeln in Gelenknähe auf Druckschmerz. Wenn

Sie schmerzende Stellen finden, erweitern Sie Ihr Übungsprogramm mit der Muskel-Impuls Behandlung.

➤ **Basisübungen**
➤ **GK-1 Sitzpendel**
➤ **GK-2 Kniependel**
➤ **GK-3 Beinpendel**
➤ **GK-4 Ergometer**

Mit den Bewegungsübungen wird aber nicht nur die Gleitfähigkeit verbessert, sondern neben der Gesundung auch der Wiederaufbau der Zellschicht erreicht. Die Knorpelzellen sind unabhängig vom Alter regenerierfähig, auch wenn das in Deutschland
noch überwiegend angezweifelt wird.

Die Regeneration des Gelenkknorpels ist allerdings ein lebens-
konformer Wachstumsvorgang und der benötigt seine Zeit. Sind
die Knorpelzellen unterversorgt und bereits geschädigt, müssen
sie zunächst „gesund" werden, bevor sie sich erneuern können.
Das bedeutet kontinuierliches Training über längere Zeit mit entsprechender Intensität.

Zeitdauer und Intensität sind natürlich vom Zustand der Knorpel abhängig. Da Sie noch keine Gelenkschmerzen haben, kann
man darauf vertrauen, dass Ihre Knorpel noch nicht wesentlich
geschädigt sind. Dementsprechend empfehle ich folgendes:

Neben den Basisübungen machen Sie zusätzlich die Übungen
für den Knorpelaufbau über 3 bis 4 Wochen. Versuchen Sie
dabei täglich insgesamt etwa 1.000 zusätzliche Gelenkbewegun-
gen zu erreichen. Ideal wäre dafür ein Ergometer, mit dem Sie

40

in 10 Minuten bereits etwa 600 Bewegungen machen, und zwar für die Knie- und Hüftgelenke gleichzeitig.

Nach dieser Zeit sollten die Basisübungen ausreichen, vielleicht ergänzt durch einen täglichen Spaziergang, oder soweit vorhanden, durch einige Minuten auf dem Ergometer.

Zusätzlich könnten Sie auch ein neues, medizinisches Verfahren nutzen. Bei diesem Verfahren wird eine kleine Menge Knorpel entnommen. Nach einer „Brutzeit" von 3 bis 4 Wochen haben sich die Zellen vervielfacht und werden wieder implantiert. Dies Verfahren nennt sich „Matrix-gekoppelte Autologe Chondrozyten Implantation".

III Knorpelschaden mit Schmerzen

Empfohlene Behandlung:

➢ **Basisübungen**
➢ **Knorpel- und Muskelaufbau**
➢ **Bewegungsübungen**
➢ **Ergänzungstherapien**

Was können Sie tun, wenn Sie neben einem Knorpelschaden auch Gelenkschmerzen haben? *Neben den Pendel-, Ergometer- und Basisübungen sind jetzt die Muskelbehandlungen erforderlich.* Zunächst beginnen Sie mit den Muskel Impuls-Übungen, um die Muskeln zu entspannen und die Schmerzen zu verringern. Erst wenn sich die Schmerzen merkbar verringert haben, dass kann einige Wochen dauern, können Sie mit der isometrischen Muskelstärkung beginnen.

Davon unabhängig können Sie aber alle nicht schmerzenden Muskeln isometrisch trainieren, im Besonderen die Stärkung der Lendenmuskel (Iliopsoas-Übungen). Sollten bei den Übungen aus dem Basisblock Beschwerden auftreten, so klammern Sie diese zunächst aus. Bei der Muskel Impuls-Behandlung wird es Entspannungsschmerzen geben, die sich aber anders anfühlen und auszuhalten sind. Wenn es Ihnen zu viel wird, hören Sie einfach auf, der Schmerz geht schnell zurück.

Neben den erwähnten Grundübungen gibt es noch verschiedene förderliche Ergänzungsübungen. Dazu gehören Fußbäder, Schwimmen im vorgewärmten Wasser oder auch Sauna. Längere Fußmärsche, Laufen oder Radfahren sollten Sie zunächst meiden. Soweit möglich wäre es aber gut, immer wieder kurze Strecken zu gehen und längeres Sitzen zu unterbrechen. Wenn Sie sich kaum noch draußen aufhalten, werden die vorgeschlagenen Atemübungen ganz wichtig, möglichst an frischer Luft. Sie verbessern damit nicht nur Ihren Kreislauf, sondern halten auch Ihr allgemeines Körpersystem in Bewegung.

- ➢ **Basisübungen**
- ➢ **Knorpel- und Muskelaufbau**
- ➢ **Bewegungsübungen**
- ➢ **Fußbäder**

Neben Ihrer Selbstbehandlung könnten Sie sich auch mit einigen Naturheilverfahren helfen lassen. In einem späteren Abschnitt sind diese kurz erläutert. Neben der Dorn / Breuß-Massage, Kinesio-Taping, sind das Japanische Heilströmen und die Quantentherapie sehr hilfreich. Die Quantentherapie können Sie sich auch zur Selbstbehandlung recht einfach aneignen, wenigstens in der für Sie sehr nützlichen Form. Mit der Erläuterung im späteren Abschnitt erhalten Sie zwar kein Hintergrundwissen, aber schon eine kurze Anleitung. Ausführliche Anleitungen finden Sie auf dem Buchmarkt. Mit der Quantentherapie lassen sich über eine Anwendung ganze Muskelbereiche entspannen, zum Beispiel am Knie alle angrenzenden Muskeln. Zusätzlich können Heilungsenergien in Gang gesetzt werden. Die Quantentherapie kann auch die Muskel-Impulstherapie ersetzen.

Ergänzungstherapien:

- ➢ **Breuß-Massage**
- ➢ **Kinesio-Taping**
- ➢ **Japanisches Heilströmen**
- ➢ **Quantentherapie**

Die **Muskel Impulstherapie** umfasst drei aufeinander folgende Schritte: Muskellockerung, Muskelentspannung und Muskelaktivierung. Die ausführliche Anleitung finden Sie dazu in der Übungsbeschreibung:

➢ **Muskel-Impulstherapie**

Für die **isometrische Muskelstärkung** gibt es eine Reihe von Übungen. Soweit Ihre Muskeln das zulassen, sollten Sie alle Übungen nutzen, der jeweilige Zeitaufwand ist sehr gering. Der Vorteil der Isometrik liegt darin, dass allein durch ein kurzzeitiges Anspannen der Muskel wirksam gestärkt wird, ohne dass der Muskelumfang vergrößert wird. Der Kraftzuwachs soll nach Expertenmeinung pro Woche 5% betragen, bei täglicher Übung. In jedem Fall kann mit diesen einfachen Übungen die Funktionsfähigkeit des Muskels gesteigert, beziehungsweise erhalten werden.

➢ **Isometrische Muskelstärkung**

IV Arthrose

Empfohlene Behandlung:

➢ **Basisübungen**
➢ **Knorpel- und Muskelaufbau**
➢ **Bewegungsübungen**
➢ **Ergänzungstherapien**

Was können Sie tun, wenn bei Ihnen eine Arthrose festgestellt wird? Also nicht nur ein Knorpelschaden, sondern auch Verformungen oder Knochenschäden vorhanden sind. Auch die „echte" Arthrose hat unterschiedliche Erscheinungsformen und Entwicklungsstufen. Eine Wiederherstellung des Gelenks ist nicht zu erreichen. Ob und wann eine Operation erforderlich wird, hängt davon ab, wie weit der Gelenkschaden fortgeschritten ist.

Es spielt aber auch eine Rolle, wie Sie mit der Arthrose leben können, das heißt wie viel Sie an Beschwerden ertragen wollen. Zum Operationszeitpunkt kann man generell folgendes abgrenzen: Soweit erträglich sollte man eine Operation aufschieben, aus zweierlei Gründen. Eine Gelenkoperation ist zwar schon heute eine Routinesache, aber die Technik verbessert sich jedes Jahr weiter mit entsprechend geringerem Risiko. Zum andern hält das künstliche Gelenk nur eine begrenzte Zeit, etwa 15 Jahre und muss dann nachgebessert werden, was nicht immer gut gelingt. Was für eine frühzeitige Operation spricht, ist die Möglichkeit mit einer Teiloperation auszukommen, mit der „minimal-invasiven-Endoprothetik", soweit das noch möglich ist.

Was Sie als Selbstbehandlung tun können, entspricht sinngemäß den für Knorpelschaden mit Schmerzen aufgeführten Empfehlungen. Was Sie damit erreichen können, hängt von den Veränderungen des Gelenks ab. Wenn man die Schmerzen als Maßstab nimmt, möchte ich grob zwei Bereiche unterscheiden: Erster Bereich Schmerzen nur bei Belastung, sonst nur geringfügige Beschwerden. Zweiter Bereich bleibende Schmerzen ohne Belastung, auch im Liegen.

Wenn Sie sich dem ersten Bereich weitgehend zuordnen können, dann sind für Sie voraussichtlich noch alle Übungen möglich. Damit würden Ihre Gelenkknorpel gesunden und auch die Belastungsschmerzen könnten sich verringern. **Da Sie aber die Schmerzursachen nicht mehr beseitigen können, wird die Muskelbehandlung zur Dauertherapie.**

Wenn Sie sich dem zweiten Bereich zuordnen müssen, entfallen alle Bewegungsübungen. Versuchen Sie mit der Muskelbehandlung Ihre Schmerzsituation zu verbessern und warten nicht zu lange mit der wohl notwendigen Operation. Nach der Operation und einer REHA-Zeit lassen sich alle Übungen als Nachbehandlung sehr gut nutzen.

Bei schmerzender Arthrose entfallen nicht nur die Bewegungsübungen, Sie werden sich insgesamt kaum noch bewegen, Umso wichtiger ist es, Ihren Kreislauf in Bewegung zu halten. Versuchen Sie in irgendeiner Form einen Ausgleich zu finden. Wenn Sie zum Beispiel nur noch auf Krücken gehen können, dann sollten Sie regelmäßig einige Gehübungen machen, auch wenn das nicht besonders angenehm ist.

Zur Aktivierung Ihres Kreislaufs können Sie die Blutwell-Übung nutzen. Die Muskeln um das geschädigte Gelenk spannen Sie nur vorsichtig an, oder klammern sie ganz aus. Ähnliches können Sie auch bei einigen Basisübungen versuchen.

V Rückenbeschwerden

Empfohlene Behandlung:

> **Basisübungen**
> **Breuß-Massage**
> **Kinesio-Tapes**

Fast jeder Erwachsene leidet unter Rückenschmerzen und nicht nur im Alter. Unter den verschiedenen Ursachen war es früher vorwiegend die körperliche Überbelastung, die unseren Rücken überforderte. Heute ist es eher die fehlende Belastung, die uns leiden lässt. Schwere Arbeiten übernehmen Maschinen und fast jede Arbeit wird im Sitzen ausgeführt.

Als heutige „Sitzgesellschaft" schaden wir unseren Rücken durch fehlende Bewegung und vor allem durch die starre Dauerhaltung beim Sitzen. Die Rücken- und Lendenmuskeln erlahmen und schrumpfen allmählich und reagieren empfindlich, wenn sie bei einer größeren Belastung mal gefordert werden.

Die Ursachen der Rückenbeschwerden entwickeln sich über eine längere Zeit. Dabei verändert sich die Muskelstruktur und als Folge davon auch das Knochen- und Wirbelgerüst. Und das macht eine wirksame Behandlung so schwierig. Dagegen ist noch kein Kraut gewachsen.

Die unzählig angepriesenen Salben, Tabletten und sonstige Mittel mögen zwar die Schmerzen lindern, bleiben aber für die Ursachen wirkungslos. Ähnliches gilt auch für die anspruchsvolleren Behandlungen wie Chiropraktik, Osteopathie oder Dorn-Therapie. Hier werden zwar eingetretene Gelenk- und Wirbelverschiebungen wieder rückgängig gemacht, aber die Ursachen dafür bleiben bestehen. Entsprechend hält der Erfolg häufig nicht lange an. Die klinische Medizin beschränkt sich bei Rückenbeschwerden auf Operation und Schmerzmittel, was aber nur in Notfällen sinnvoll ist.

Eine Selbstbehandlung bei Rückenbeschwerden ist nur beschränkt möglich, in einigen Fällen, wie zum Beispiel bei einem „Hexenschuss" (Lumbago) sogar schädlich. Mit Bewegungen und Massagen verstärken Sie nur die Schmerzen. *Daher ist es so wichtig, möglichst Rückenbeschwerden vorzubeugen.*

Rückenbeschwerden vorbeugen

Neben einem allgemeinen Bewegungsausgleich ist die tägliche „Rückenrolle" die einfachste und wirksamste Vorbeugemaßnahme. Die Rückenrolle wird bei den Basisübungen ausführlich beschrieben. Sie können sie auch noch bei Rückenbeschwerden machen, allerdings nicht bei starken Schmerzen.

➢ **D-2: Rückenrolle**

Eine weitere wichtige Vorbeugemaßnahme besteht im Training der **Iliopsoas-Muskeln.** Den verdanken wir, dass wir aufrecht stehen und gehen können. Wenn diese Muskeln vernachlässigt werden und schrumpfen, werden wir nicht nur „krumm" und gebeugt. Das gesamte Skelettsystem wird verdreht mit entsprechenden Folgen, wie zum Beispiel die Kreuzschmerzen.

Für das Training der Iliopsoas-Muskeln empfehle ich zwei einfache Übungen. Zum einen die Übung im Bett mit anspannen des Körpers und hoch strecken der Hüfte, und zum andern

die Liegestützübung am Boden. Diese beiden Übungen sind bei
den Basisübungen ausführlich beschrieben.

➢ **E-2 Körperstreckung**
➢ **D-5 Liegestützschwingen**

Was können Sie selbst bei Rückenbeschwerden tun? Das sind
im Wesentlichen gezielte Bewegungsübungen, zur Wiederbele-
bung und Stärkung ihrer Muskeln. Damit können Sie aber erst
beginnen, wenn ihre akuten Schmerzen abgeklungen sind.

Bei akuten Schmerzen ist zunächst Ruhe wichtig, das heißt,
nicht massieren und vor allem keine „Gegenbewegungen" ver-
suchen. Ob Ihnen eine Wärmflasche gut tut, müssen Sie versu-
chen, Wärme kann auch Schmerzen verstärken. Wenn Sie über
Schmerzsalben verfügen, sollten Sie diese nutzen. Besser wäre
ein Muskelöl, wie zum Beispiel das Dolo-cyl-öl von Pharma Lie-
bermann.

Mit dem nächsten Schritt sollten die Verkrampfungen und Verspannungen im Rücken gelöst werden. Dafür wäre am wirkungsvollsten eine Breuß-Massage, die Sie allerdings nicht selbst ausführen können. Die meisten Heilpraktiker sind heute mit der
Breuß-Massage vertraut, vielleicht gibt es den auch in Ihrer Nähe.
Diese sanfte Massage sollte mehrere Male wiederholt werden, am
besten im Abstand von zwei bis drei Tagen. Ersatzweise könnten
Sie sich selbst ähnlich behandeln, Sie erreichen aber nur den unteren Teil Ihres Rückens.

➢ **Dorn / Breuß > Breuß-Massage**

.Bei allen Gelenk- und Wirbelsäulenbeschwerden spielt die
Muskelfunktion eine entscheidende Rolle. Nicht die Bandscheiben

und nicht die Gelenkknorpel werden belastet und sie wirken auch nicht als „Puffer" für Belastungen. Es sind allein unsere Muskeln, die in einer unglaublich komplexen Feinabstimmung im Zusammenhang mit den Sehnen alle Belastungen übernehmen, die Gelenke schützen und unsere Beweglichkeit erst ermöglichen. Diese Muskelfunktion kann durch eine Überbelastung geschädigt werden, aber ebenso auch durch die Unterbelastung bei chronischem Bewegungsmangel.

Für die Stabilität unseres Rückens sind viele Muskelbereiche zuständig. Bei Rückenbeschwerden sind es vor allem die vielen kleinen Muskeln der Zwischenwirbel-Gelenke und die Lendenmuskeln, die in ihrer Funktion beeinträchtigt sind. Durch ein gezieltes Training dieser Muskelbereiche können die meisten Rückenbeschwerden vermieden und auch beseitigt werden, wenn die Schädigung noch nicht zu weit fortgeschritten ist.

Kreuzschmerzen:

Die häufigsten Rückenbeschwerden sind **Kreuzschmerzen**. Die möglichen Ursachen für die Kreuzschmerzen sind sehr zahlreich, so dass in den meisten Fällen eine sichere Diagnose nicht möglich ist. Entsprechend ist auch eine wirksame Therapie recht schwierig, es können Nervenwurzel, Muskeln, Bänder oder Gelenkteile davon betroffen sein. Bei richtiger Anwendung wäre hier die **Neuraltherapie** besonders hilfreich. Auch mit einer **Breuß-Massage** könnte man eine Verbesserung erzielen.

Eine Selbstbehandlung ist bei Kreuzschmerzen nur beschränkt möglich. Wie Sie selbst eine abgewandelte Breuß-Massage durchführen können, habe ich bei der Ergänzungstherapie: Dorn / Breuß ausführlich beschrieben. Eine weitere Möglichkeit bietet die Anwendung von **Kinesio-Tapes**. Besser wäre auch hier eine Behandlung durch einen erfahrenen Therapeuten. Aber mit Hilfe einer guten Buchbeschreibung wäre es Ihnen möglich, Ihren Kreuzbereich selbst zu „tapen".

> ➤ **Dorn / Breuß > Breuß-Massage**
> ➤ **Kinesio-Tapes**

Lumbago / Bandscheibenvorfall

Besonders schmerzhaft ist der „Hexenschuss" (Lumbago). Wie bereits erwähnt, sollten Sie hier keine Selbstbehandlung versuchen. Sie können nur in Ruhe abwarten, bis der Schmerz von selbst abklingt, das kann einige Tage dauern. *Wenn Sie dann konsequent die tägliche Rückenrolle machen, bleiben Sie von weiteren Anfällen verschont.*

Natürlich können Sie sich auch von Ihrem Arzt eine schmerzstillende Spritze geben lassen, vor allem, wenn Sie sich aus beruflichen Gründen keine Bettruhe leisten können. Das ändert aber an Ihrem Rückenproblem nichts Wesentliches. Die Wahrscheinlichkeit ist groß, bei nächster Gelegenheit einen weiteren Hexenschuss zu erleiden. Und das kann sich wiederholen in immer kürzeren Zeitabständen.

Wenn Sie dann medizinische Hilfe in Anspruch nehmen, wird man Ihnen wahrscheinlich eine Operation empfehlen, unter Hinweis auf die Gefährlichkeit eines Bandscheiben-Vorfalls. Aber ein Lumbago (Hexenschuss) ist noch kein Bandscheibenvorfall und nicht jeder Bandscheibenvorfall muss operiert werden.

Nur allein aus dem Röntgenbild kann die Notwendigkeit dafür nicht hergeleitet werden, was aber üblicherweise geschieht. Es wird leider zu häufig und auch vergeblich operiert. Mir sind viele Fälle bekannt, wo es nach der Operation keinerlei Besserung gab. Obwohl es in der wissenschaftlichen Medizin sehr wohl die Abgrenzungen bekannt sind, die eine Operation notwendig machen oder nicht, scheint das heute keine Rolle mehr zu spielen.

Es wird für Sie sehr schwierig, sich für oder gegen eine Operation zu entscheiden, vor allem, wenn Ihnen im negativen Fall eine Lähmung in Aussicht gestellt wird. Bis vor einigen Jahren waren in Deutschland solche Operationen nicht zugelassen, heute sind sie zur Routine geworden.

Dabei ist die heutige Operation selbst nicht mehr besonders gefährlich, aber die Funktion Ihres Rückens wird dadurch nicht besser. Bevor Sie sich für eine Operation entscheiden, sollten Sie sich vorher eine ärztliche Zweitmeinung einholen, ob das in Ihrem Fall wirklich zwingend notwendig ist.

Teil 3

Beschreibung der Übungen

Basisübungen

Übersicht der Basisübungen

A   Übungen im Sitzen
A-1 Beindurchblutung
A-2 Hüfte strecken
A-3 Körper aktivieren

B   Übungen im Stehen
B-1 Beinlockerung
B-2 Körperschwingen
B-3 Zehen-Hacken
B-4 Standlaufen
B-5 Knie anheben
B-6 Engel fangen
B-7 Liegestütz im Stehen

C   Atmungsübungen
C-1 Arme schwingen
C-2 chaotische Atmung
C-3 Vollatmung
C-4 Stützatmung

D   Übungen am Boden
D-1 Atmung im Liegen
D-2 Rückenrolle
D-3 Becken heben
D-4 Brust strecken
D-5 Liegestützschwingen

E   Übungen im Bett
E-1 *Füße lockern, strecken*
E-2 *Körperstreckung*
E-3 *Synchronisation*

Im Anschluss an die folgenden Übungsbeschreibungen fin-
den Sie eine weitere Übersicht mit skizzenhafter Darstellung der
Übungen.

A Übungen im Sitzen

Vor allem wenn Sie vor dem Computer sitzen und konzentriert arbeiten, verharrt Ihr Körper in einer „Stocksteife" über längere Zeit.

Wenigstens einmal in der Stunde sollten Sie diesen Zustand unterbrechen und sich in irgendeiner Form bewegen. Zum Beispiel einmal aufstehen und ein paar Schritte machen. Es ist nicht so entscheidend, was Sie tun, aber sehr wichtig, dass Sie etwas tun.

Mein Vorschlag dazu sind die folgenden, ganz einfachen Übungen, die sich leicht einprägen. Ohne Vorbereitung und ohne groß zu überlegen, kann man sie, fast automatisch, immer wieder einbinden.

Diese ersten leichten Übungen werden für Sie wahrscheinlich nichts Neues sein. Aber gut und neu wäre es, wenn Sie sie wirklich auch regelmäßig ausführen.

A-1 Beindurchblutung

Mit beiden Füßen die Zehen und die Hacken im Wechsel anheben und dabei die Unterschenkel anspannen.

Dann zügiges „Sitzlaufen", die Zehen bleiben am Boden, die Knie werden im Wechsel angehoben.

Dann ein Knie möglichst hoch anheben und mehrmals den Unterschenkel nach vorn auspendeln. Danach auch das andere Bein auspendeln.

Häufigkeit: jeweils etwa 10 Mal

Soweit möglich: Danach die Beine hochlegen

A-2 Hüfte strecken

Auf die vordere Hälfte des Stuhls setzen, nach vorn gebeugt mit beiden Händen auf die Knie abstützen. Dann das Gesäß kräftig nach hinten und oben strecken.

Bei allen kräftigen Streckübungen zunächst einmal mit halber Kraft anspannen und erst beim zweiten Mal mit voller Kraft.

Häufigkeit: wenigstens zwei Mal und jeweils für 2 bis 3 Sekunden die Anspannung halten.

Mit dieser Streckübung dehnen Sie Ihre Muskeln im Kreuzbereich. Geben Sie Ihren Muskeln ein paar Sekunden Zeit, sich zu dehnen. Das heißt, schieben Sie Ihr Gesäß langsam nach hinten und versuchen Sie es dann anzuheben. Ihr Körper kennt diese Anspannung nicht. Er könnte mit Muskelkater reagieren, wenn Sie im Anfang zu viel Kraft einsetzen.

Diese sehr einfache Übung stärkt nicht nur Ihr Kreuz, sondern bewirkt auch eine starke Durchblutung Ihres Unterleibs und Ihrer Beine, was Sie deutlich spüren können.

A-3 Körper aktivieren

Sie sitzen auf einem Stuhl und legen Ihre Handflächen vor Ihrer Brust gegeneinander. Dann drücken Sie mit der gesamten Handfläche Ihre Hände zusammen, also Finger und Handballen gleichzeitig. Sie spüren jetzt den Druck in den Armen und im Rückenbereich.

Die zusammengedrückten Hände führen Sie dann langsam nach oben und anschließend nach unten, jeweils so hoch und so tief Sie können. Jeweils entsprechend der Lage Ihrer Hände spüren Sie den Druck im oberen oder im unteren Bereich Ihres Körpers.

Anschließend führen Sie Ihre Hände in Brusthöhe seitlich nach links und rechts und lassen Ihren Oberkörper leicht mitdrehen.

Abschließend können sie zur Entspannung mit Ihren zusammengelegten Händen vor sich eine möglichst große Acht nachzeichnen.

Häufigkeit: ein Mal

Mit dieser Übung spannen Sie kurzfristig nahezu alle Muskel Ihres Körpers an und verstärken die Durchblutung. Sie können diese Übung auch noch erweitern, für eine isometrische Muskelstärkung. Dies erreichen Sie, wenn Sie die zusammen gepressten Hände in dem jeweiligen Bereich für circa fünf Sekunden anhalten. Sie können so stufenweise vorgehen, oder nur einen bestimmten Bereich dazu auswählen.

B Übungen im Stehen

Die Übungen im Stehen habe ich als so genannte „Türrahmen-übungen" entwickelt. Die Bedeutung liegt darin, dass der Türrahmen einen besseren Halt gibt und das Körpergewicht entlastet werden kann. Dafür wäre es gut, wenn Ihr Türrahmen eine umlaufende Kante hätte, an der Sie sich festhalten können, das ist aber nicht unbedingt erforderlich.

Der größte Teil der Übungen ist aber ohne Türrahmen möglich, so dass Sie die Übungen auch im Freien ausführen können, was sehr zu empfehlen ist. Dazu reicht eine Wandfläche aus, an der Sie sich etwa in Brusthöhe abstützen können. Ich selbst mache diese Übungen regelmäßig im Freien jeweils in Verbindung mit den Atemübungen.

Auch wenn Ihnen die Übungen leicht fallen, sollten Sie sanft beginnen und nur langsam die Intensität steigern. Intensität bedeutet einmal die Häufigkeit, zum andern, inwieweit Sie die einzelnen Übungen „ausschöpfen". Zum Beispiel, ob Sie bei der Dehnung nach oben, nur den Arm heben, oder nach oben richtig zugreifen. Nach einer Eingewöhnungszeit sollten die Übungen aber mit einer für Sie richtigen Intensität ausgeführt werden, um die vorgesehene Wirksamkeit zu erreichen.

Die einmal tägliche Anwendung reicht normalerweise aus. Wenn Sie sich sonst wenig bewegen, wäre auch eine zweimalige Anwendung sinnvoll, wenigstens ein längeres Sitzen mit 2-3 Übungen zu unterbrechen. Die Intensität und die Häufigkeit der einzelnen Übungsteile werden bei den jeweiligen Übungen erläutert.

Die Übungen im Stehen sind so aufgebaut, dass Sie nach der Beinlockerung den ganzen Körper von den Füßen bis zu den Schultern beanspruchen.

B-1 Beinlockerung

Sie stützen sich mit der linken Hand ab und verlagern Ihr Gewicht auf das linke Bein. Dann heben Sie das rechte Bein soweit an, dass die Zehenspitzen eben noch Bodenkontakt haben und lassen das Bein wieder locker fallen.

Die rechte Hand liegt am Hüftgelenk und mit den Fingerspitzen unterstützen Sie jetzt dieses Beinanheben, indem Sie das Bein rhythmisch und zügig anschubsen. Sie heben also nur Ihre Fersen an, wobei dieses Anheben vorrangig durch Ihren Fingerschub erfolgt. Nach einigen Anhebungen wechseln Sie das Bein und die Seite.

Häufigkeit: je Seite 10 bis 15 Mal.

Mit dieser kleinen Übung lockern Sie nicht nur Ihre Beinmuskel, sondern bringen vor allem Ihre drei Beingelenke „in Schwung". In den Hüft-, Knie- und Fußgelenken wird durch die Bewegung Gelenkschmiere erzeugt und verteilt. Die Gelenke werden so auch für weitere Beanspruchungen vorbereitet.

Diese Übung empfehle ich vor und nach jeder Beinbelastung durchzuführen. Sie ist unauffällig und kann auch im normalen Tagesablauf eingeschoben werden. Bei den folgenden Standübungen sollte sie immer als erste Übung ausgeführt werden.

B-2 Körperschwingen

Sie stellen sich zwischen den Türrahmen und halten sich am oberen Querrahmen fest. Jetzt pendeln Sie mit Ihrem Körper vor und zurück. Dabei bleiben Ihre Fußsohlen auf dem Boden, das bedeutet, Sie bewegen sich in den Fußgelenken. Die Intensität dieser Übung steigern Sie, indem Sie sich beim Vorwärtspendeln nach vorne durchhängen lassen und beim Rückwärtspendeln die Oberschenkel anspannen.

Die gleiche Übung seitwärts. Sie stehen ca. 10 cm hinter dem Rahmen und halten sich links und rechts seitlich in Brusthöhe fest. Dann pendeln Sie seitwärts gegen Ihre Hände, die Fußsohlen bleiben wieder auf dem Boden. Die Betonung dieser Übung liegt auf Entspannung und sanfte Verschiebung des Körpers. Halten Sie Ihre Füße zusammen und lassen Sie sich entspannt gegen Ihre Hand fallen, wobei Sie mit der anderen Hand dieses Fallenlassen regulieren.

Häufigkeit: Beide Übungen jeweils 10 Mal hin und zurück.

B-3 Zehen-Hacken Schaukel

Sie stehen etwas hinter dem Rahmen und halten sich am oberen Rahmen fest. Jetzt wechseln Sie zwischen Zehenstand und Hackenstand. Sie stellen sich auf Ihre Zehen, rollen zurück und heben Ihre Zehen soweit, dass Sie auf Ihren Hacken stehen.

Häufigkeit: mit 10 Mal beginnen und auf 20 Mal langsam steigern.

Intensität: Ihre Fuß- und Wadenmuskel werden dabei stark gefordert. Beschränken Sie sich daher anfangs auf die halbe Höhe, Sie bekommen sonst garantiert einen ausgeprägten Muskelkater. Erst nach mehreren Übungstagen sollten Sie langsam die Intensität bis zur vollen Muskelspannung steigern.

Sie können die Intensität noch weiter steigern, wenn Sie dabei Ihre Hüfte mitnehmen. Dazu gehen Sie jeweils leicht „in die Knie" und pressen mit dem Zehenstand Ihre Hüfte nach vorn und oben. Bei der Gegenbewegung erfolgt das Gleiche mit dem Gesäß. Diese **Hüftschaukel** fördert die Durchblutung im ganzen Unterkörper.

B-4 Standlaufen

Sie stehen wieder etwas hinter dem Rahmen und halten sich am oberen Rahmen fest. Dies ist eine Laufersatzübung. Sie laufen auf der Stelle, behalten aber Ihre Fußspitzen auf dem Boden. Sie heben nur die Hacken im Wechsel. Diese Übung können Sie schnell oder langsam durchführen.

Häufigkeit: mit 50 Mal beginnen und auf 75 bis 100 Mal steigern.

Intensität: Intensivieren können Sie die Übung, indem Sie Ihre Knie möglichst weit nach vorne schieben und Ihre Hacken jeweils mit Druck aufsetzen.

B-5 Knieheben

Nach der Laufübung machen Sie in der gleichen Positionsstellung das Knieheben. Sie treten auf der Stelle und heben dabei abwechselnd Ihre Knie hoch. Sie müssen keinen rechten Winkel erreichen, heben Sie Ihre Knie nur so hoch, wie es ohne Anstrengung geht. Die Übung können Sie noch etwas steigern, indem Sie beim Hochheben die Fußspitzen nach unten drücken.

Häufigkeit: mit 10 Mal beginnen und auf 20 Mal steigern-

Neben den Gelenkbewegungen wird auch die Durchblutung im Unterlaib gefördert.

B-6 Armstreckung

Sie strecken abwechselnd Ihre Arme senkrecht in die Höhe und versuchen ganz oben etwas zu greifen, als wenn Sie „Engel fangen" wollten. Wichtig ist, dass Sie jeweils den gleichseitigen Fuß am Boden lassen und ihn nach unten drücken. So wird die ganze Körperseite gedehnt. Also nicht auf die Zehenspitzen stellen und jeweils den rechten Arm mit dem rechten Fuß einsetzen und links genau so. Den jeweils nicht aktiven Arm lassen Sie seitlich locker hängen.

Häufigkeit: 10 Mal je Seite

Intensität: Gerade bei dieser Übung dürfen Sie nur vorsichtig beginnen. Diese „Überkopfarbeit" beansprucht im Schulterbereich Muskeln, die sonst kaum genutzt werden. Also bitte ohne Anstrengung beginnen und nur langsam steigern. Nach entsprechender Einarbeit sollte die Übung jedoch mit kräftiger Anspannung erfolgen. Die Hand nur einfach „zum Gruße" zu erheben, bewirkt natürlich nichts.

B-7 Liegestütz im Stehen

Diese Übung ist der 2. Übung ähnlich. Sie stehen vor dem Türrahmen und halten sich seitlich fest. Der Abstand ist jetzt etwas größer, etwa eine Fußlänge bis zur Aussenkante des Türrahmens.

Der Körper pendelt jetzt nicht einfach von links nach rechts, sondern beschreibt in etwa einen Halbkreis beim Pendeln. Wie bei der 2. Übung lassen Sie sich wieder in Ihre Hand fallen.

64

Dies geschieht jetzt aber intensiver und beansprucht Ihren Oberkörper.

Diese Übung ist praktisch ein „einarmiger Liegestütz im Stehen". Nach einiger Übung sollte dies aber so gelingen, dass Sie es auch als eine Entspannung empfinden.

Häufigkeit: 10 Mal je Seite

Achten Sie bei diesen Übungen auch auf Ihre Atmung. Atmen Sie dabei bewusst tief ein und aus.

C Atmungsübungen

Ebenso wichtig wie die ausreichende Bewegung ist eine aus-reichende Atmung, die Zufuhr von Sauerstoff. Davon ist nicht nur unser Wohlbefinden abhängig, sondern auch unser Gesundheits-zustand.

Im Gegensatz zur Bewegung erfolgt die Atmung erfreulicher-weise automatisch. Die Intensität passt sich den Anforderungen an. Für die körperliche Ruhe im Sitzen benötigen wir nur wenig „Brennstoff", dafür genügt ein „flaches" Atmen. Aber unsere Lungen gewöhnen sich daran und „verkümmern", bereits bei der zweiten Treppe kommen wir „außer Atem".

Auch die Lungen brauchen ein tägliches Training. „Flaches" Atmen verringert aber nicht nur die Leistungsfähigkeit der Lun-gen, es fördert vor allem auch die Anfälligkeit für Erkrankungen der Lungen. Wenn ständig nur das Zentrum der Lungen bean-sprucht wird, können die Randbereiche schrumpfen und sich „verkleben".

Am besten wäre es, sich eine tiefere Atmung anzugewöhnen oder mehrmals am Tag einige Vollatmungen zu machen. Aber selbst wenn ich mir das fest vornehme, geht dieses Bemühen sehr bald im Tagesgeschehen unter.

Natürlich kann eine tägliche intensive Atmung das richtige Atmen nicht voll ersetzen. Es ist aber schon wichtig und gut, wenn wenigstens einmal am Tag alle Bereiche der Lungen belüf-tet werden.

Wenn Sie Raucher sind, sollten Sie diese Übungen besonders intensiv ausführen. Nach den Übungen sollte in Ihrem Atem mög-lichst kein Tabaksgeruch mehr vorhanden sein. Durch intensives Atmen wird das Nikotin zwar nicht beseitigt, aber die Abwehr-kraft der Lungen gesteigert.

Wenigstens für Pfeifenraucher wird dadurch das Risiko einer Erkrankung ganz wesentlich verringert. So genieße ich seit über 50 Jahren meine Tabakspfeifen mit immer noch bester Funktion meiner Lungen. Allerdings: „Rauchen ist tödlich", so steht es zumindest auf meinen Tabaksdosen.

Für die Sauerstoffzufuhr wäre eine Übung ausreichend, wenn sie entsprechend länger gemacht wird. Mir ist aber wichtig, dass alle Winkel der Lungen belüftet werden. Das ist am sichersten durch verschiedene Varianten zu erreichen. Neben den vier folgenden Übungen gibt es bei den Übungen im Liegen noch weitere Varianten der Tiefatmung.

Bei den vier Intensivübungen spielt die Reihenfolge keine Rolle, auch die Häufigkeit können Sie nach Gefühl wählen. Insgesamt sollten Sie aber mindestens drei Minuten dafür aufwenden.

C-1 Arme schwingen

Ähnlich wie beim Kraulschwimmen schwingen Sie Ihre **Arme links und rechts vom Körper kreisförmig nach vorn. Lassen Sie Ihre Arme so locker wie möglich kreisen. Drehen Sie Ihren Oberkörper dabei etwas mit und gehen Sie etwas in die Knie, das Kreisen sollte möglichst „rund" ablaufen. Das wichtigste ist natürlich das tiefe Ein- und Ausatmen. Wenn Sie die Übung zügig durchführen, geschieht dies bereits von selbst.**

Im zweiten Teil kreisen Sie entgegengesetzt. Zum Abschluss können Sie noch einige Drehbewegungen mit seitlich ausgestreckten Armen ausführen, nach links und rechts. Nehmen Sie dabei wieder Ihren Oberkörper mit und Atmen tief ein und aus.

C-2 chaotische Atmung

Am intensivsten ist die „chaotische" Atmung. Dazu wird nur durch die Nase stoßweise ausgeatmet, die Einatmung geschieht dabei automatisch. Die stoßweise Ausatmung erfolgt kräftig, zügig und rhythmisch. Nehmen Sie Ihren Körper dabei mit, ihre angewinkelten Arme bewegen Sie im Atemrhythmus rauf und runter und gehen jeweils etwas in die Knie. Als Variante lassen Sie die Arme hängen und schütteln sie im Atemrhythmus aus.

Diese Atmung sieht wirklich chaotisch aus und ein Taschentuch ist dabei unentbehrlich. Ihre Bedeutung liegt darin, dass sie schnell und gründlich die Luft in den Lungen austauscht. Zudem wird bei dieser Übung auch der gesamte Körper aufgelockert, wenn sie ein bis zwei Minuten lang ausgeführt wird.

C-3 Vollatmung

Bei dieser Übung strecken Sie Ihre Arme nach oben, wieder etwas seitlich, und atmen tief ein. Dann schwingen Sie Ihre Arme nach unten und atmen durch den Mund kräftig aus. Mit dem Abschwingen der Arme gehen Sie etwas in die Knie und beugen Ihren Oberkörper auch etwas nach vorn.

Um bei den Schwüngen nach oben und unten im Gleichgewicht zu bleiben hilft es, die Arme unten möglichst weit ausschwingen zu lassen.

Wenn Sie die Arme mit dem Einatmen etwas seitlich hoch geführt haben, bewegen Sie Ihre Hände zueinander und atmen weiter tief ein, bevor Sie abschwingen. Sie können dabei spüren, dass Sie so noch einen Restteil der Lungen geöffnet haben.

Diese Übung ist sicherlich die bekannteste Atmungsübung und besonders wirksam. Sie enthält optimal beide wichtigen Elemente: die Sauerstoffzufuhr und die Belüftung der Lungen.

C-4 Stützatmung

Diese vierte Übung ist dem Joga entlehnt und ist als so genannte „Hängebauchübung" bekannt. Sie wird allgemein kniend auf dem Boden ausgeführt.

Sie funktioniert aber auch, wenn Sie sich vornüber gebeugt mit den Händen in Tischhöhe abstützen. Es geht darum, in den „hängenden" Bauch (und Brust) möglichst viel Luft einzuatmen und dann den Bauch kräftig einzuziehen, um möglichst viel Luft beim ausatmen wieder los zu werden.

Aber das Ein- und Ausatmen von viel Luft ist dabei nicht alles. Durch das Aufstützen der Hände wird wieder die Lunge, beziehungsweise der Brustkorb geweitet. Wenn Sie dann beim Einatmen den Oberkörper noch etwas absenken und dadurch die Ellenbogen nach außen drücken, können Sie dieses Öffnen sogar spüren.

Wie bereits mehrfach erwähnt, geht es bei den Atmungsübungen um die verstärkte Zufuhr von Sauerstoff und um die Belüftung möglichst aller Lungenbereiche. Für die Belüftung der Lungen würde genügen, jede Übung 3 bis 4 Mal zu machen, für die Sauerstoffzufuhr sollten das aber mehr sein. Für dieses „Mehr" können Sie sich aber eine dieser Übungen aussuchen.

Wenn Sie in der kalten Jahreszeit die Atmungsübungen draußen machen, atmen Sie nur durch die Nase ein und aus, um die Schleimhäute immer wieder anzuwärmen.

D Übungen am Boden

Neben weiteren Atmungsübungen zielen die folgenden Übungen auf Ihre allgemeine körperliche Fitness und auf die Vermeidung von Alterungsproblemen. Mit den Jahren schrumpfen unsere Muskeln, wenn wir sie nicht abfordern.

Das kann vor allem bei unserem größten Lendenmuskel, dem Iliopsoas unerwünschte Folgen haben. Der Iliopsoas ermöglicht uns das Stehen und Gehen, das heißt das Aufrechtsein. Und wenn der schrumpft, dann werden wir „krumm" und gebeugt.

Aber nicht nur das, wenn dieser Muskel sich verkürzt, verdreht sich das Becken, mit Auswirkungen auf unser Kreuz und vor allem auf unsere Hüftgelenke. Ein hoher Anteil von Altersarthrosen hat hier seine Verursachung.

Die Übungen im Liegen sind zunächst etwas anstrengend und beanspruchen Ihre Handgelenke. Wer darin für sich Probleme sieht und lieber auf diese Übungen verzichten will, sollte zumindest die „Rückenrolle" regelmäßig machen. Für die Vorbeugung von Rückenbeschwerden gibt es nichts Besseres.

D-1 Atmung im Liegen

Bei der Atmung im Liegen werden weitere Lungenbereiche belüftet. Diese Übung besteht aus zwei Teilen, zunächst die Atmung in Rückenlage, dann in der Seitenlage links und rechts.

Sie legen sich ausgestreckt auf einen Teppich. Mit dem Einatmen führen Sie beide Arme gestreckt nach hinten bis Ihre Finger den Boden berühren. Atmen dann langsam wieder aus

71

und führen dabei Ihre Arme zurück, die Hände landen auf dem Bauch.

Atmen Sie tief, aber langsam ein und „pusten" die Luft wieder langsam aus. Zur Orientierung zählen Sie jeweils 1 bis 7.

Nach etwa 5 Wiederholungen rollen Sie über Ihre Schulterblätter zur Seite und wieder zurück auf die andere Seite. Wenn Sie nach links rollen ist der linke Arm angewinkelt und der rechte Arm nach oben gestreckt, zur andern Seite entsprechend umgekehrt.

Dabei atmen Sie wieder tief ein und aus und zwar wie folgt: In der Seitenlage mit hoch gestrecktem Arm atmen Sie ein und beim zurück rollen wieder aus. Den Vorgang etwa 5 Mal wiederholen.

D-2 Rückenrolle

Die Rückenrolle ist so einfach und schlicht, dass sie häufig belächelt und nicht ernst genommen wird. Ich halte sie jedoch, auch aus eigener Erfahrung, für eine der wichtigsten und wirksamsten Rückenübungen überhaupt.

Als junger Mann litt ich unter ständig wieder auftretenden Hexenschüssen. Trotz ärztlicher Behandlung verschlimmerte sich dieser Zustand immer mehr, mir wurde eine Operation empfohlen. Bis mir ein Arzt diese Rückenrolle empfahl. Mit der täglichen Rückenrolle habe ich seit über 50 Jahren keine Rückenbeschwerden mehr.

Bei der Rückenrolle werden sämtliche Rückenwirbel angesprochen und auch die Rückenmuskulatur trainiert. Wegen der zum Teil sehr kleinen Muskeln, die sich nicht aufbauen lassen, ist das tägliche Üben erforderlich. Allerdings reicht es aus, drei bis vier mal abzurollen, um die Stabilität zu erhalten.

Mit der Rückenrolle beeinflussen Sie aber noch mehr: Die Wirbelsäule steht mit allen inneren Organen in Verbindung, über das spezielle Nervensystem und über die Akupunktur-Meridiane, die an beiden Seiten der Wirbelsäule verlaufen mit besonders wirksamen Akupunkturpunkten.

Wenn Sie bereits Rückenprobleme haben, beginnen Sie mit der Rückenrolle aber erst nach dem Abklingen akuter Schmerzen.

Im Anfang wählen Sie einen weichen Teppich als Unterlage. Sie legen sich auf den Teppich, ziehen die Knie an und fassen mit beiden Händen unter Ihre Oberschenkel. Am Anfang schaukeln Sie zunächst über Ihren Rücken vor und zurück. Dann versuchen Ihre Knie so hoch wie möglich zu ziehen und rollen wieder zurück. Die Rollbewegung wird zuerst etwas holprig sein, nach einigen Übungen aber immer runder.

Nach dieser Vorübung versuchen Sie die vollständige Rückenrolle auszuführen. Mit etwas Schwung rollen Sie soweit zurück, dass Sie auf Ihrem Nacken liegen. Dazu müssen Sie mit Ihren Händen das Gesäß etwas hoch schieben und abstützen. Aus dieser Stellung rollen Sie dann langsam zurück.

Das möglichst langsame Zurückrollen ist der entscheidende Teil der Übung. Alle Rückenabschnitte sollen den Druckkontakt mit dem Boden halten, so als wenn Sie Ihre Rückenwirbel Stück für Stück ablegen würden.

Versuchen Sie aber nicht das Rückrollen zu verlangsamen, das geht nicht. Vermeiden Sie aber ein schwungvolles Abrollen, wichtig ist, dass das Rollen „rund" wird und keine Wirbelbereiche übersprungen werden.

Häufigkeit: 3 bis 4 Mal Abrollen reicht aus

D-3 Becken anheben

Sie sitzen auf dem Teppich mit ausgestreckten Beinen und stützen sich seitlich mit Ihren Händen ab. Dann ziehen Sie Ihre Füße etwas zurück und stemmen Ihr Becken nach oben. Dabei strecken Sie Ihren Kopf nach hinten und atmen mit offenem Mund ein.

Beim Absetzen atmen Sie wieder aus. Zwischen den Wiederholungen entspannen Sie Ihre Hände und Arme und strecken Ihre Füße aus.

Häufigkeit: mit 2 bis 3 Mal beginnen und ganz langsam bis auf 10 Mal steigern.

Versuchen Sie Ihr Becken so hoch, wie es Ihnen möglich ist zu stemmen. Aber die Höhe ist nicht so wichtig, Entscheidend ist die kurzfristige Anspannung des ganzen Körpers und dafür reicht es aus, wenn das Gesäß einige Zentimeter angehoben wird

D-4 Brust strecken

Sie knien auf dem Teppich und strecken Ihre Brust indem Sie Ihren Kopf so weit wie möglich nach hinten strecken. Öffnen Sie dabei Ihren Mund und atmen ein. Mit dem Ausatmen führen Sie Ihren Kopf nach vorn, soweit, dass Ihr Kinn auf Ihrer Brust liegt.

Beim Zurückbeugen heben Sie leicht Ihre Brust an und pressen Ihr Gesäß zusammen. Nehmen Sie dafür Ihre Hände zur Hilfe.

Häufigkeit: mit 2 bis 3 Mal beginnen und ganz langsam bis auf 10 Mal steigern.

D-5 Liegestützschwingen

Sie gehen in die Liegestützstellung, das heißt, Sie stützen sich auf Ihre Füße und auf Ihre gestreckten Arme ab. Nun schwingen Sie rückwärts und vorwärts. Dazu schieben Sie Ihr Gesäß nach hinten und oben, gleichzeitig neigen Sie Ihren Kopf nach unten.

Bei der Gegenbewegung nach vorn senken Sie Ihr Gesäß wieder ab und führen Ihren Kopf nach oben. Dabei pressen Sie Ihr Gesäß zusammen.

Kopf und Gesäß wechseln gegenläufig nach oben und unten. Bei der Schwingung nach vorn, können Sie auch etwas die Arme beugen.

Diese Übung ist sicherlich etwas anstrengend, vor allem für die Handgelenke. Sie ist aber auch die umfassendste Übung für den Bewegungsapparat. Alle Muskeln und Gelenke werden hierbei aktiviert und der Blutkreislauf optimal angeregt. Auch Ihr Wohlbefinden wird spürbar gesteigert.

Häufigkeit: mit 2 bis 3 Mal beginnen und ganz langsam bis auf 10 Mal steigern.

E Übungen im Bett

Die folgenden Übungen im Bett können Sie sowohl morgens, als auch abends machen, wobei die Synchronisationsübung abends am wirksamsten ist. Die Streckübungen sind einfache und bekannte Übungen. Nehmen Sie sie als Musterbeispiele und variieren sie nach Ihrem Empfinden.

E-1 Füße strecken

Strecken Sie Ihre Beine und Füße aus, wechseln Sie dabei zwischen Zehen- und Hackenstreckung.

Bei gestreckten Beinen drehen Sie ihre Füße einige Male nach rechts und dann auch nach links, am einfachsten mit gegenläufigen Bewegungen.

Die gleichen Fußdrehungen noch einmal mit etwas angewinkelten Beinen. Wenn Sie jetzt die Knie etwas mitbewegen, werden die Knie- und Hüftgelenke mit beansprucht

E-2 Körperstreckung

Strecken Sie wieder Ihre Beine und Füße aus, mit Streckung der Hacken. Dann pressen Sie Ihr Gesäß zusammen und spannen Ihre gesamte Beinmuskulatur kräftig an.

Stützen Sie sich dann auf Ihre Ellenbogen und heben Ihr Gesäß für einige Sekunden an. Mit dem Anheben wird auch Ihre Kreuz- und Rückenmuskulatur angespannt.

Dieses isometrische Muskeltraining gilt in erster Linie wieder dem wichtigen Kreuz- und Lendenmuskel, dem Iliopsoas. Gleichzeitig wird auch der gesamte Unterkörper spürbar gut durchblutet.

Häufigkeit: Fangen Sie mit zwei kurzen Streckungen an. Erst einmal vorsichtig zur Probe, und wenn nichts weh tut, können Sie dann so kräftig wie möglich anspannen und Ihr Gesäß anheben.

Für die tägliche Übung reicht eine einmalige Ausführung aus, mit einer Anspannung von circa 5 Sekunden.

E-3 Synchronisation

Diese Übung ist in erster Linie für die Entspannung nach den körperlichen Übungen vorgesehen. Wenn Sie andere Möglichkeiten zur Entspannung gewohnt sind, können Sie auf diese Übung auch verzichten.

Ich bevorzuge diese Übung, weil sie nicht nur schnell und tief entspannt, sondern auch überanstrengte Muskeln und Gelenke heilsam beeinflussen kann.

Den Begriff „Synchronisation" kennen wir für die Zusammenstimmung von Bild, Sprache und Musik. Hier geht es darum, den Ausgleich und das Gleichgewicht in unserem Körper herzustellen. Sehen Sie aber zunächst in dieser Übung die Möglichkeit, sich wohltuend zu entspannen. Allein dafür wird sich die kleine Mühe lohnen.

Bei dieser Übung müssen Sie sich gedanklich auf jeweils zwei Körperstellen gleichzeitig konzentrieren. Das sind wir nicht gewohnt, es ist aber mit der Übungsanleitung für jeden sofort möglich.

Sie sitzen oder liegen bequem und schließen die Augen. Nun gehen Sie Ihren Körper Schritt für Schritt durch und synchronisieren jeweils die beiden Seiten. Beginnen Sie am besten mit Ihren Händen. Sie richten Ihre Aufmerksamkeit auf Ihre Hände, erst nacheinander, dann gleichzeitig auf beide Hände. Warten Sie einen Moment, bis Sie in beiden Händen das gleiche Gefühl erreichen. Dadurch synchronisieren Sie Ihre Hände.

Anfangs nehmen Sie sich für jede Hand jeweils etwa eine Minute Zeit und spüren konzentriert in Ihre Hand. Alternativ können Sie auch eine Hand einmal kräftig anspannen. Wenn Sie danach in beide Hände gleichzeitig fühlen, spüren Sie, dass sich auch die andere Hand langsam erwärmt und sich der anderen Hand anpasst.

Nach ein paar Tagen Übung geht die Synchronisation einfacher und schneller. Es genügt dann Ihre gedankliche Aufforderung: „beide Hände sind absolut gleich", eventuell mit einer zwei- oder dreifachen Wiederholung. Genau so verfahren Sie dann mit Ihrem gesamten Körper, Unterarme, Ellbogen, Oberarme und Schultern. Dann gehen Sie zu Ihren Füßen, zu den Unterschenkeln, Knien, Oberschenkel, Pobacken und Hüfte.

Beim Körperrumpf gibt es keine zwei Teile, aber sie verfahren in ähnlicher Weise in dem Sie jeweils die rechte und linke Seite ansprechen und synchronisieren, so den Unterbauch, Oberbauch, Brust, Hals und Gesicht. Ebenso die Rückseite: unterer Rücken oder Kreuz, mittlerer Rücken, Schulterblätter und Nacken. Sie können aber auch noch detaillierter vorgehen. Jeder Körperteil kann über rechts und links synchronisiert werden

Haben Sie zum Beispiel ein Knieproblem, synchronisieren Sie nacheinander die Kniescheiben, Kniekehlen, Gelenke und die angrenzenden Muskeln. Geben Sie den Knien etwas Zeit sich anzupassen. Sie spüren dann meist sehr deutlich eine Erwärmung beider Knie und dass im betroffenen Knie ein „Umbau" beginnt. Machen Sie sich aber bitte keine Sorgen darum, dass die Beschwerden jetzt auf beide Knie verteilt werden könnten. Das ist nicht möglich. Unser körpereigenes Selbstheilungsprinzip, das wir mit allen Heilmethoden nur anregen können, ist auf das Wiederherstellen der Originalfunktion programmiert. Nach meinen Erfahrungen ist die Synchronisation besonders wirksam, wenn ich sie zweimal nacheinander durchführe. Das erste Mal im Schnelldurchgang und das zweite Mal nehme ich mir etwas Zeit, den Reaktionen nach zu spüren.

Skizzenhafte Darstellung

der Basisübungen mit Kurztext

A Übungen im Sitzen

A-1 Beindurchblutung
A-1-a: Hacke – Zehen Wechsel mit leichter   Muskelaspannung

A-1-b: Knie im Wechsel zügig anheben, Zehen bleiben am Boden

A-1-c: Bein anheben, dann nach vorn auspendeln

A-2 Hüfte strecken
Hände auf Knie stützen, Gesäß kräftig nach hinten und oben strecken

A-3 Körper aktivieren
Hände zusammen drücken, Hände langsam nach oben und unten führen.

Dann Hände in Brusthöhe nach links und rechts führen, mit leichter Körperdrehung.

Zur Entspannung mit den Händen eine möglichst große Acht nachzeichnen.

A Übungen im Sitzen

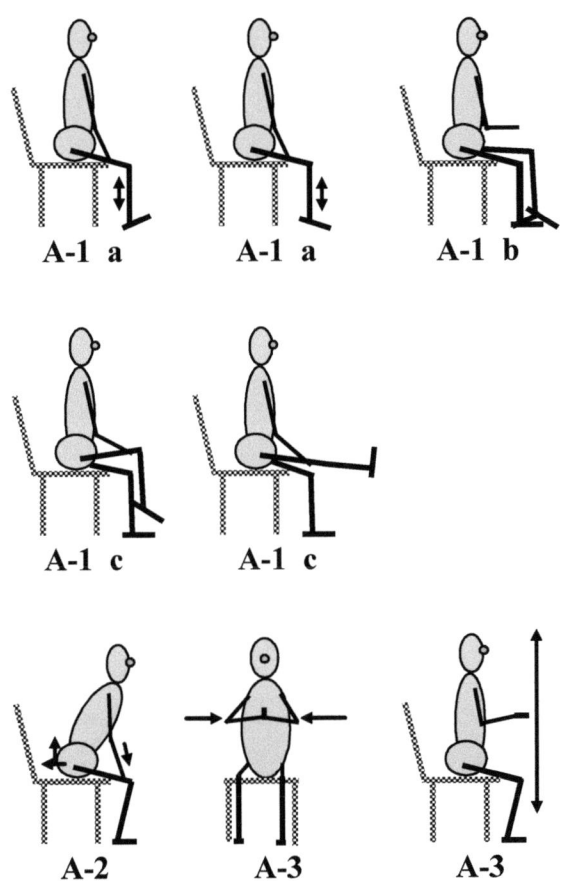

A-1 a   A-1 a   A-1 b

A-1 c   A-1 c

A-2   A-3   A-3

B Übungen im Stehen

B-1 Beinlockerung
Gewicht auf ein Bein verlagern, das andere Bein locker lassen und mit der Hand rhythmisch anschubsen, Zehenspitzen bleiben in Bodenkontakt.

B-2 Körperschwingen
Sie schwingen mit Ihrem Körper vor und zurück, ohne Zehen oder Hacken anzuheben.

B-3 Zehen-Hacken Schaukel
Wechseln zwischen Zehenstand und Hackenstand, den Unterkörper dabei jeweils mitnehmen.

B-4 Standlaufen
Auf der Stelle laufen, aber nur die Hacken anheben

B-5 Knieheben
Die Knie abwechselnd hochheben.

B-6 Armstreckung
Mit den Händen abwechselnd hoch nach oben greifen, Füße bleiben fest am Boden.

B-7 Liegestütz im Stehen
Der Körper pendelt im Halbkreis zwischen den Händen hin und zurück.

B Übungen im Stehen

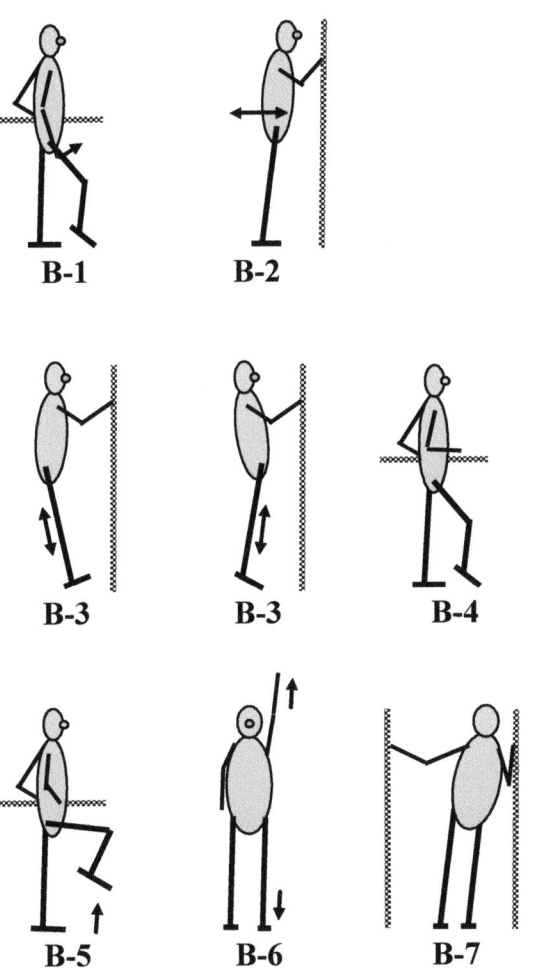

B-1 B-2

B-3 B-3 B-4

B-5 B-6 B-7

C Atmungsübungen

C-1 Arme schwingen
C-1-a: „Kraulschwimmen" vorwärts und rückwärts, Arme locker lassen und den Körper etwas mitdrehen. Dabei tief ein- und ausatmen.

C-1-b: Mit seitlich ausgestreckten Armen den Körper nach links und rechts drehen.

C-2 Chaotische Atmung
Durch die Nase stoßweise und kräftig ausatmen. Arme und Körper rhythmisch etwas mitschwingen lassen.

C-3 Vollatmung
Zum Einatmen die Arme gestreckt nach oben führen, zum Ausatmen die Arme zurück schwingen lassen. Dabei den Oberkörper etwas nach vorn beugen und den Bauch einziehen.

C-4 Stützatmung
Vornüber gebeugt auf einem Tisch abstützen, in die Armbeuge gehen und tief einatmen. Beim Aufrichten atmen Sie wieder aus und ziehen dabei Ihren Bauch ein.

C Atmungsübungen

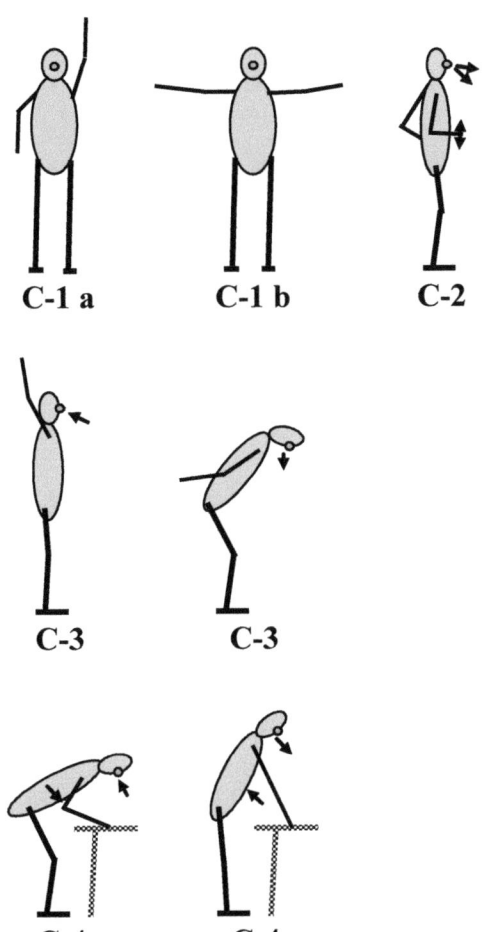

C-1 a   C-1 b   C-2

C-3   C-3

C-4   C-4

D Übungen am Boden

D-1 Atmung im Liegen (ohne Skizze)
D-1-a: Beide Arme gestreckt nach hinten bis zur Bodenberührung führen, dabei einatmen. Langsam wieder ausatmen, dabei Arme zurückführen.

D-1-b: Über die Schulterblätter zur Seite abrollen, den oberen Arm ausstrecken und einatmen. Beim zurück rollen auf die andere Seite wieder ausatmen

D-2 Rückenrolle
Mit angewinkelten Beinen mit Hilfe der Hände unter den Oberschenkeln zurück rollen bis auf den Nacken, langsam wieder abrollen.

D-3 Becken anheben
Im Sitzen Beine ausstrecken und mit den Armen seitlich abstützen. Becken hoch stemmen, Kopf nach hinten strecken.

D-4 Brust strecken
Im Knien den Kopf nach hinten strecken, dabei Gesäß zusammen drücken. Nach vorn zurückbeugen bis das Kinn die Brust berührt

D-5 Liegestützschwingen
Im Liegestütz rückwärts und vorwärts schwingen. Kopf und Gesäß wechseln gegenläufig nach oben und unten.

D Übungen am Boden

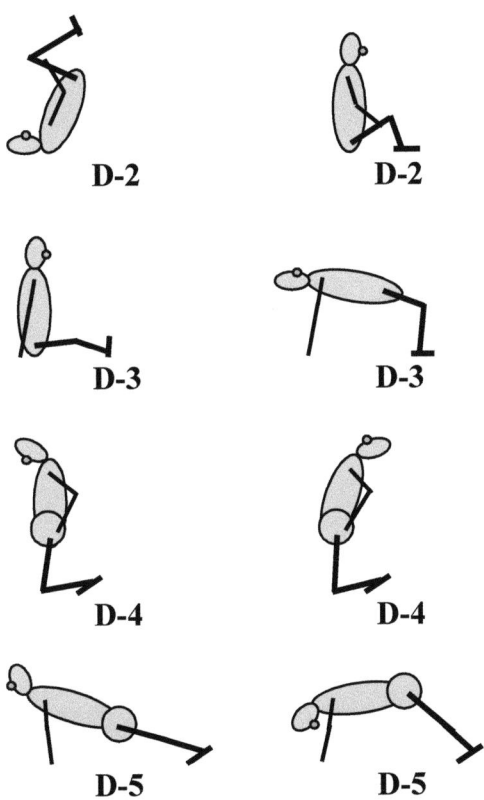

D-2

D-2

D-3

D-3

D-4

D-4

D-5

D-5

E Übungen im Bett

E-1 Füße strecken (ohne Skizze)
Zehen- und Hackenstreckung im Wechsel

Füße nach links und rechts drehen

Fußdrehungen mit angewinkelten Beinen

E-2 Körperstreckung
E-2-a: Körper ausstrecken

E-2-b: Hacken strecken und Bein- und Rückenmuskel kräftig anspannen, dabei Gesäß zusammen pressen. Gleichzeitig das Gesäß kurzfristig anheben, gestützt auf den Ellenbogen

E-3 Synchronisation (ohne Skizze)
Konzentration auf zwei Körperteile gleichzeitig, zum Beispiel rechte und linke Hand. Dazu die gedankliche Aufforderung, dass beide Seitenteile gleich sind.

E Übungen im Bett

E-2 a   E-2 b

Gelenkknorpelaufbau

Der Gelenkknorpelaufbau erfolgt durch zusätzliche, ausreichende und kontinuierliche Gelenkbewegungen, die möglichst belastungsfrei erfolgen müssen. Entsprechend den unterschiedlichen Ausgangslagen bedeutet „ausreichend" ein individueller Maßstab, der nur grob abgegrenzt werden kann. Versuchen Sie, in der folgenden Aufteilung sich einzuordnen.

1. Bereich: Als Ausgleich für einen Bewegungsmangel zur Gesunderhaltung der Knorpel, empfehle ich als tägliches Pensum 5 bis 10 Minuten Bewegungszeit, das sind ca. 300 bis 600 Bewegungen. Erfahrungsgemäß ist eine Vorgabe an Zeit einfacher, als die Bewegungen mit zuzählen.

2. Bereich: Bei nicht sitzender Tätigkeit, mit zwangsläufig vielen Bewegungen, wie zum Beispiel Handwerker, Briefträger oder auch Hausfrauen, genügen zum Ausgleich 3 bis 5 Minuten, auch bei geringfügigen Knorpelschäden.

3. Bereich: Zum Wiederaufbau einer deutlich verringerten Knorpelschicht sind täglich mindestens 10 Minuten zusätzlicher Bewegungsübungen erforderlich, besser noch etwas mehr. Dabei sollte die Gesamtzeit über den Tag auf kleinere Einheiten verteilt werden. Diese intensive Übungszeit muss für 3 bis 4 Wochen durchgehalten werden. Der Knorpel muss sich erst erholen und von Stoffwechselrückständen befreit werden, bevor er sich regenerieren kann. Für den weiteren Verlauf genügen dann 5 bis 10 Minuten. Voraussetzung ist allerdings, dass überhaupt noch gesunde Knorpelzellen vorhanden sind. Eine weitere Voraussetzung ist, dass bei Fehlbelastungen parallel auch die Funktion der Muskeln verbessert wird,

Die vorgeschlagenen Übungszeiten sind nur durchschnittliche Orientierungswerte, aber weder ein zuviel noch ein zuwenig kann Schaden anrichten. Ob und wie viel Sie noch gesunde Knorpelzellen haben, kann Ihnen niemand sagen. Auf jeden Fall versorgen Sie mit diesen Übungen Ihre Gelenke verstärkt mit Gelenkschmiere und verhindern mögliche Gelenkversteifungen.

Dazu beachten Sie noch einen wichtigen Hinweis: Entscheidend ist die Gesamtzahl der Gelenkbewegungen. Sie können die Übungen beliebig über den Tag aufteilen und aus allen Übungen die Gelenkbewegungen mit bewerten, also auch die Basisübungen und die sonstigen Bewegungsübungen. Ebenso lässt sich die Anzahl der folgenden Pendelübungen verringern, wenn Sie die Entspannungsübungen (B-1 Beinlockerung) entsprechend häufiger machen.

Übung GK-1 Sitzpendel

Diese Übung möchte ich Ihnen ganz besonders empfehlen. Bereits bei den Basisübungen habe ich diese Übung in etwas abgewandelter Form schon beschrieben. Wenn Sie dies lesen, probieren Sie jetzt diese Übung einfach mal aus. Sie ist so einfach und doch sehr wirkungsvoll.

Sie sitzen bequem auf einem Stuhl oder einem Sessel und machen Folgendes: Heben Sie Ihre Knie abwechselnd auf Ihre Zehenspitzen, eine halbe Minute reicht schon aus. Dann umfassen Sie Ihren Oberschenkel mit beiden Händen, heben ihn gut 10 Zentimeter hoch und lassen Ihren Unterschenkel frei ausschwingen bis zur Beinstreckung. Wiederholen Sie dies rhythmisch circa zehn Mal.

Schwingen Sie auch mit dem anderen Bein ein paar Mal. Danach umfassen Sie mit Ihren beiden Händen Ihr Knie, konzentrieren sich auf Ihre Hände und atmen gedanklich einige Male in Ihr Knie. Soweit die Umstände es zulassen, legen Sie dann Ihre Beine für eine *Minute hoch auf den Tisch. Anschließend stehen Sie auf und gehen ein paar Schritte.*

Sie spüren jetzt deutlich ein kräftiges Pulsieren im ganzen Bein, besonders in den Gelenken. Da wir sehr viel Zeit mit Sitzen verbringen, lässt sich diese Übung am Tag mehrfach wiederholen und kann so die wichtigste Grundlage Ihrer Selbstbehandlung werden.

Übung GK- 2 Kniependel

Für diese Übung benötigen Sie einen stabilen Tisch. Setzen Sie sich auf diesen Tisch, so dass Ihre Unterschenkel frei nach vorn und nach hinten schwingen können. Die Tischkante ist dicht an Ihren Kniekehlen mit einem Abstand von ca. 5 cm. Sie legen Ihre Hände ohne Druck auf die Knie und lassen die Unterschenkel gegenläufig vor und zurück schwingen. Pendeln bedeutet freies Schwingen ohne Muskelanspannung. Das Anschieben erfolgt über Ihre Fingerspitzen, etwas seitlich auf den Unterschenkelknochen.

Beginnen Sie immer erst mit kleinen Schwingungen. Achten Sie darauf, ob sich Ihre Kniescheiben reibungslos bewegen oder „rucken", Sie spüren das in den Handflächen. Erst wenn die Kniescheiben reibungslos mitmachen, sollten Sie mit größeren Schwingungen und schneller pendeln. Beschränken Sie in den ersten Tagen die Pendelzeit auf 1 bis 2 Minuten und steigern allmählich auf die für Sie infrage kommende Pendelzeit. Teilen Sie längere Pendelzeiten auf kleinere Einheiten von maximal 3 Minuten auf.

Nach der Übung legen Sie Ihre Beine für ein paar Minuten hoch, um den Blutrücklauf zu unterstützen. Wenn Ihre Gelenke bis dahin nur wenig belastet wurden, kann anfangs ein Muskelkater entstehen, Die Gelenkmuskeln bleiben zwar passiv, werden aber durch die Pendelbewegungen gedehnt. Wenn der Stoffwechsel im Kniegelenk bisher blockiert war, kann durch die Ansammlung von gelösten Schlacken vorübergehend im Knie ein Staugefühl entstehen.

Sollten Sie keinen geeigneten Tisch zur Verfügung haben, können Sie ersatzweise auch die Sitzpendel-Übung zeitlich erweitern. Allerdings sollten Sie dann die erforderlichen 3 Minuten auf mehrere kleine Zeitabschnitte aufteilen.

Übung GK-3 Beinpendel

Bevor Sie mit dem Beinschwingen beginnen lockern Sie das Gelenk zunächst auf. *(Übung B-1 Beinlockerung).*

Für Ihre Beinpendel-Übung stellen Sie sich mit dem Standbein auf ein 4-5 cm dickes Brett oder Buch, damit das andere Bein ohne Bodenberührung frei schwingen kann. Mit einer Hand halten Sie sich fest. Auch hier muss das Pendeln ohne Muskelführung ablaufen.

Um dafür das richtige Gefühl zu bekommen, schieben Sie zunächst das locker hängende Bein mit der Hand an und führen einige kurze Schwingungen aus. Lassen Sie das Bein noch einmal locker hängen. Mit der Körperbewegung, oder weiterhin mit der Hand bringen Sie das Bein wieder ins Pendeln. Bleiben Sie auch jetzt zunächst bei kleineren Schwüngen von circa 50 cm.

Achten Sie darauf, ob Ihr Gelenk die Bewegungen reibungslos mitmacht. In der ersten Woche beschränken Sie diese Übung auf maximal 1 Minute, Ihr Gelenk ist diese freihängende Bewegung nicht gewohnt. Nach der Eingewöhnungszeit können Sie dann die Pendelzeit stufenweise erhöhen, die Schwingungen nach vorn und zurück müssen Sie nicht über jeweils 50 cm erhöhen. Wichtig ist, dass die Schwingungen locker und vor allem beschwerdefrei ablaufen. Länger als 2 bis 3 Minuten sollten Sie nicht pendeln. Wenn für Sie eine längere Pendelzeit erforderlich ist, dann legen Sie eine Pause ein, oder, was noch besser ist, verteilen Sie Übungszeit auf entsprechend mehrere Einsätze.

Im Gegensatz zum Kniegelenk ist das Hüftgelenk ein Kugelgelenk, das heißt es bewegt sich in alle Richtungen. Dementsprechend benötigen Sie zum Abschluss noch eine Ergänzungsübung, die dies berücksichtigt. *Dazu pendeln Sie mit dem betroffenen Bein kreisförmig um das Standbein, sowohl rechts als auch links herum, jeweils etwa zehn mal. Versuchen Sie auch diese Schwingungen möglichst ohne Muskelführung durchzuführen.*

Übung GK- 4 Ergometer

Alle Übungen dieser Selbstbehandlungstherapie können ohne Geräte ausgeführt werden. Das gilt auch für die Pendelübungen zum Gelenkknorpelaufbau. Nach den Erfahrungen mit meinen Patienten weiß ich aber, dass gerade diese wichtigen Pendelübungen, häufig aus Zeitmangel, nicht regelmäßig und vollständig durchgeführt werden. Vor allem, wenn längere Übungszeiten erforderlich sind und eine Tagesaufteilung notwendig ist. Deshalb empfehle ich denjenigen, die längere Übungszeiten brauchen, sich einen Ergometer, das heißt ein Standfahrrad an zu schaffen.

Die Übungen auf einem solchen Gerät entsprechen zwar nicht genau einer passiven Gelenkbewegung, aber die Vorteile überwiegen. Solange das Behandlungsziel nur einem Bein gilt, übernimmt das andere Bein die Führungsrolle und zieht das zu behandelnde Bein mit. Der große Vorteil besteht darin, dass gleichzeitig Knie- und Hüftgelenk behandelt werden und die Übung auch so lange wie erforderlich ausgeführt werden kann. Eine Tagesaufteilung bleibt aber auch hier empfehlenswert.

Ein gutes Ergometer kostet etwa 200,- Euro. Die bei einem Ergometer üblichen Zusatzeinrichtungen, wie Belastungsstufen, Pulsmesser und Trainingsprogramme sind für unsere Bewegungsübungen nicht erforderlich. Aber Sie benötigen eine Schwungscheibe und einen Tretwiderstand, sowie eine gute Standfestigkeit. Dies alles fehlt bei den preisgünstigeren Heimfahrrädern und einfachen Tretgeräten. Aber viel mehr sollten Sie nicht ausgeben,

Mehrpreise für den Namen des Herstellers sind keine Garantie für eine bessere Qualität. Nutzen Sie bei einem Kauf die Testergebnisse für Ergometer bei Google oder Amazon.

Da Sie kein Fitnesstraining machen wollen, können Sie Ihr Ergometer ganz einfach nutzen. Sie stellen die niedrigste Belastungsstufe ein und „fahren" mit der Geschwindigkeit, die Sie nicht anstrengt. Achten Sie darauf, dass Sie mit dem „gesunden" Bein einsteigen und mit dem „kranken" Bein wieder aussteigen.

Muskelbehandlung

Muskel-Impulstherapie

Die Muskel-Impulstherapie erfolgt in drei aufeinander folgenden Schritten: die Muskellockerung, die Muskelentspannung und die Muskelaktivierung. Die Muskellockerung und Muskelentspannung lassen sich nur bei den großen Muskeln durchführen. Das sind alle Oberschenkelmuskeln und die Gesäßmuskeln. Die Muskelaktivierung ist bei allen Muskeln möglich, auch bei den kleinen Muskeln im Gelenkbereich und bei dem Muskelgeflecht seitlich der Schienbeinkante. Die Behandlungsbereiche liegen ober- und unterhalb des jeweiligen Gelenks, wobei der gesamte Oberschenkelbereich mit zu behandeln ist.

Übung MI- 1 Muskeln lockern

Der Oberschenkel wird im Sitzen an 3 bis 4 Stellen kräftig durchgeschüttelt Dazu legen Sie eine Hand unter den Oberschenkel und heben ihn leicht an, mit der anderen Hand greifen Sie von oben den Oberschenkel und schütteln ihn mehrmals durch. Dann vibrieren Sie die Unterseite des Oberschenkels, indem Sie dort an mehreren Stellen mit Ihren Fingerspitzen etwas in die Tiefe gehen und aus dem Handgelenk senkrecht vibrieren. Berücksichtigen Sie dabei auch die Kniekehle, in diesem Bereich fördern Sie zusätzlich die Durchblutung von Knie und Unterschenkel. Die Gesäßmuskeln lockern Sie ebenfalls mit der Vibration Ihrer Fingerspitzen.

Übung MI- 2 Muskeln entspannen

Ein Muskel kann entspannt werden, wenn er durch Dehnung zunächst angespannt wird. *Die Dehnung wird erreicht durch einen Querverzug nacheinander nach beiden Seiten. Auf den Muskel wird kein Druck ausgeübt, der Querzug muss aber kräftig erfolgen. Bei den direkt tastbaren Muskeln werden die Fin-*

gerspitzen auf den Muskel gesetzt, Die Haut oberhalb des Muskels wird ohne Druck, quer zum Muskel etwas nach vorne geschoben und dann über den Muskel kräftig zurück gezogen. Der Spannungszug wird ein paar Sekunden gehalten.

In den Oberschenkeln und in den Pobacken lassen sich die Muskeln nur sehr mühsam einzeln behandeln. Es ist einfacher, großflächig ganze Muskelbereiche zu entspannen.

Dazu umfassen Sie mit beiden Händen Ihren Oberschenkel und „verdrehen" ihn nach links und rechts. Vergleichbar mit der oben beschriebenen Methode, geschieht das ohne Druck nach innen, aber mit kräftigen Querzug und Anhalten der Spannung für einige Sekunden. Beiden Pobacken machen Sie es ähnlich, das geht allerdings nur mit einer Hand. Diese „Querzugverdrehung" Führen Sie an mehreren Stellen aus, beim Unterschenkel jeweils in Gelenknähe und ein bis zweimal im mittleren Bereich.

Durch den kräftigen Querverzug werden die Muskeln nicht nur angespannt mit der folgenden Entspannung. Mit der Anspannung erfolgt auch gleichzeitig eine kleine Längen Änderung der Muskelfasern, mit einer Verschiebung innerhalb der umgebenden Faszien. Das bedeutet Auflösung von Blockaden und Verbesserung der Muskelfunktion. Nach einer solchen Behandlung spüren Sie daher nicht nur leichte Entspannungsschmerzen, das ganze Bein pulsiert und kribbelt sehr stark, was nicht sehr angenehm ist. Dementsprechend beginnen Sie diese Behandlung eher sanft als zu kräftig.

Übung MI- 3 Muskelaktivierung

Auf die so stimulierten Muskelbereiche werden dann für einige Minuten die Fingerkuppen aufgelegt Mit der mechanischen Blockadenauflösung durch Querverzug wurde die Gleitfähigkeit der Muskelfasern innerhalb ihrer Umhüllungen (Faszien) verbessert, Verklebungen aufgelöst. Durch das Auflegen der Fingerkuppen werden die Blockaden auf der energetischen Ebene gelöst. Die normale, „gesunde" Schwingung der Fingerkuppen trifft auf die gestörte Schwingung der „kranken" Muskeln und „taktet" die Muskelschwingung wieder ein.

Dies ist zwar nur eine sehr vereinfachte Darstellung eines komplexen Vorgangs, aber es geht hier wirklich um ein natürliches, einfaches Verfahren, das jeder sofort anwenden kann. Die häufig hierfür verwendeten Begriffe, wie Energieübertragung, Heilströmen und ähnlichem sind eher verwirrend, Schwingungsübertragung käme diesem Vorgang schon näher. Es wird nichts abgegeben, das Entstehen von Wärme, Entspannung und anderen Empfindungen sind Reaktionen, die auf „ der anderen Seite" entstehen. Die einzig erforderliche „Zutat" ist das Konzentrieren auf die Fingerkuppen. Aber auch das geschieht von selbst durch eine weitere vorbereitende Übung.

Vor dem Auflegen der Finger tasten Sie mit leichtem Druck Ihre Muskeln ab und wählen eine besonders schmerzende oder empfindsame Stelle aus. Hier Verschieben Sie kreisförmig mit Ihren Fingerspitzen dir Hautfläche für circa 10 bis 15 Sekunden. Sie rotieren hier ohne Druck, aber die Finger haften auf der Hautfläche und gleiten nicht weg. Bei zu trockener Haut können Sie auch die Hautfläche mit etwas Salbe „klebriger" machen.

Nach dieser Hautaktivierung lassen Sie dann Ihre Fingerkuppen dort für eine längere Zeit liegen. Fühlen Sie dabei konzentriert die Kontaktstelle Ihrer Fingerkuppen. Sie fühlen sehr bald, wie in den Muskeln Wärme entsteht, die sich nach allen Seiten ausbreitet, besonders in Längsrichtung der Muskeln. Die Wärme wird dann in leichte Schmerzen übergehen, die Sie auch in den Gelenken spüren.

Diese Schmerzen zeigen an, dass Sie durch Ihren Impuls die Reaktivierung Ihrer Muskeln in Gang gesetzt haben. In einem Muskelbereich sind alle Muskeln miteinander vernetzt, wenn ein Muskel sich verändert, zum Beispiel entspannt, hat das eine Aus-wirkung auf alle anderen. Der durch Ihren Fingerimpuls eingelei-tete Reaktivierungsprozess benötigt eine längere Zeit.

Sie müssen diese Schmerzen aber nicht erdulden, zumindest nicht längere Zeit. Sobald Sie starke Schmerzen fühlen, brechen Sie ab, der Impuls wirkt weiter auch ohne Schmerzen. Allerdings müssen Sie diesen Vorgang über einige Tage wiederholen, wech-seln Sie dabei Ihre Berührungsstellen. Suchen Sie dazu weitere empfindliche Stellen, zum Beispiel in Gelenknähe oder auch auf der Oberschenkel-Innenseite. Die Impuls-Aktivierung, nach vor-heriger kreisförmiger Verschiebung der Haut, können Sie über allen Körperflächen ausführen, wo Sie eine Störung vermuten. Vergleichsweise werden Sie dabei in „gesunden" Bereichen keine Schmerzreaktion spüren.

Isometrische Muskelstärkung

Isometrische Übungen stärken die Muskulatur und regen den Kreislauf an. Sie können jederzeit von jedem ausgeführt werden und dauern nur wenige Sekunden. Diese Stärkung erfolgt allein durch ein kräftiges Anspannen der Muskeln für circa 5 Sekunden. Es genügt zwar, die Übung einmal am tag durchzuführen, ich empfehle aber sie zweimal hintereinander zu machen, einmal mit halber Kraft zum eingewöhnen und das zweite Mal so kräftig wie Sie es können. Auch bei Arthrose können Sie diese Übungen ausführen, aber nur, wenn Sie mit der jeweiligen Übung keine Schmerzen verursachen.

Übung IM-1 Kreuzstärkung und Aktivierung des M. Iliopsoas

Diese Übung entspricht der Basisübung E-2 Körperstreckung und ist dort beschrieben.

Übung IM-2 Muskelstärkung Knie und Hüfte

Sie sitzen auf der Vorderkante eines Stuhls. Legen Sie Ihre Hände seitlich außen an Ihre Knie und drücken für circa 5 Sekunden Ihre Knie gegen Ihre Hände. Nicht umgekehrt, der Druck muss bewusst von den Knien ausgehen. Diesen Druck spüren Sie dann auch in Ihrer Hüfte. Danach legen Sie Ihre Hände seitlich innen an Ihre Knie, als Faust oder über Kreuz. Auch hier drücken Sie mit den Knien gegen Ihre Hände. Den Druck spüren Sie im Kreuz und im unteren Rücken. Anfangs erst vorsichtig mit halber Kraft drücken. Bei empfindlichen Knien achten Sie darauf, gegen die gesamte Handfläche zu drücken.

Übung IM-3 Muskelstärkung Oberschenkel und Gesäß

Sie sitzen auf der Stuhl-Vorderkante und umfassen mit beiden Händen Ihre Knie. Dann verlagern Sie Ihr Gewicht auf Ihre Knie. Jetzt drücken Sie Ihre Knie und drücken gleichzeitig Ihr Gesäß nach hinten und oben. Den Druck spüren Sie im Kreuz und in den Gesäßmuskeln. Auch hier anfangs nur mit halber Kraft drücken. Diese Übung ist ähnlich der Basisübung A-2

Übung IM-4 Muskelstärkung Körperrumpf

Diese Übung entspricht der Basisübung A-3 Körper aktivieren und ist dort beschrieben.

Bewegungsübungen

Der tägliche Waldlauf

Für den der es mag und es zeitlich kann, ist der tägliche Waldlauf der bestmögliche Gelenkschutz. Neben der erhöhten Sauerstoffaufnahme bietet der Waldlauf den großen Vorteil, nicht nur die Gelenke zu bewegen, sondern den gesamten Bewegungsapparat zu trainieren. Dadurch können auch Störungen im Bewegungsablauf wieder ausgeglichen und Verspannungen der Muskeln abgebaut werden.

Ob Sie bei Gelenkschäden noch laufen sollten, hängt davon ab, inwieweit Sie schmerzfrei laufen können. Festgestellte Knorpelschäden ohne Schmerzen sind kein Hinderungsgrund. Sie müssen die Gelenke nicht schonen. Beginnen Sie Ihr Lauftraining mit kleinen Zeitabschnitten. Sobald das Laufen Schmerzen verursacht, müssen Sie damit aufhören. Aber jeder, der noch schmerzfrei laufen kann, sollte ernsthaft überlegen, vielleicht doch mit dem Laufen zu beginnen. Wer täglich läuft, kann auf alle anderen Bewegungsübungen verzichten. Es müssen keine langen Strecken sein, wichtig ist das tägliche Laufen

Der tägliche Waldlauf ist eine sehr wirkungsvolle Therapie. Wenn Sie nur einmal in der Woche zum Laufen kommen, so ist das natürlich auch gesund, aber eben keine Therapie. Allerdings sollte das Laufen auch Freude machen, wer sich quälen muss, wird nicht lange dabei bleiben. Experten behaupten, dass beim Laufen Glückshormone produziert werden, probieren Sie es aus.

Selbstverständliche Voraussetzung ist das richtige Laufen. Da Sie dabei nicht unbedingt abnehmen wollen, genügt es, langsam zu laufen und die Füße nur leicht anzuheben. Begrenzen Sie auch Ihre Laufzeit entsprechend Ihrer Kondition. Sie müssen sich nicht anstrengen und können auch kleine Pausen machen, auch brauchen Sie keinen Pulsmesser. Entscheidend ist nur die Bewegung über eine angemessene Zeit. In einer Gruppe zu laufen macht zwar mehr Spaß, aber dann müssen Sie sich der Gruppe anpassen und bestimmen nicht mehr selbst das Tempo.

Grundsätzlich sollten Sie nur in Wärme haltender Kleidung laufen. Nackte Knie bei kühler Witterung sind kein Ausdruck von Härte, sondern von Unvernunft. Der Laufschuh sollte Ihnen ein Abrollen wie beim barfuss laufen ermöglichen. Da Sie keinen Sprunglauf machen, benötigen Sie auch nicht die gepolsterte Sohle, die Ihnen in Fachgeschäften als Gelenk schonend empfohlen wird, es sei denn, Sie laufen über Schotter.

Gefällt Ihnen das Laufen nicht, dann ersetzen Sie den Waldlauf zumindest mit einem täglichen Spaziergang. Der Unterschied zum Waldlauf ist gar nicht so groß. Die entscheidende Bewegung unserer Beingelenke bleibt erhalten. Was dabei fehlt, ist die verstärkte Sauerstoffaufnahme und die Beanspruchung des gesamten Bewegungsapparates.

Nordic Walking scheint der ideale Ersatz für den Waldlauf zu sein, das stimmt aber nur bedingt. Als die Nummer 1 für moderne und gesunde Sportarten, bewegen sich jetzt zusätzlich millionenfach Menschen in frischer Luft, die vorher kaum ihren Körper in Gang gebracht haben. Als Therapiemöglichkeit ist diese Bewegungsart aber weniger geeignet. Die Beingelenke werden dabei zwar entlastet, dafür der Schulterbereich jedoch stark gefordert. Zudem funktioniert Nordic Walking nur bei zügigen, rhythmischen Gehen, wer das für längere Zeit schmerzfrei schafft, der kann auch laufen mit weniger Anstrengung. Ursprünglich wurde Nordic Walking entwickelt als Sommertraining für den wettkampfmäßigen Skilanglauf.

Das Radfahren

Ein sehr guter Ersatz für den Waldlauf ist das Radfahren. Da Sie dabei Ihr Körpergewicht absitzen, ist das Radfahren weniger anstrengend und kann auch noch genutzt werden, wenn andere Bewegungsarten schon schwer fallen. Der einzige Nachteil ist die Abhängigkeit vom Wetter. Wer aber lieber Rad fährt als zu laufen, der sollte versuchen, zumindest über einen längeren Zeitraum regelmäßig täglich zu fahren. Bis auf einige Lockerungsübungen können für diese Zeit alle weiteren Bewegungsübungen entfallen.

Wenn längeres Gehen bereits schwer fällt, bietet das Radfahren noch die Möglichkeit, auch ohne fremde Hilfe, sich frei in der Landschaft zu bewegen und Ziele anzusteuern. Noch intensiver als beim Laufen, kann man die frische Luft genießen. Ideal sind gut befahrbare Waldwege ohne größere Steigungen.

Solange noch ein Bein voll belastbar ist, kann das empfindliche Bein nahezu belastungsfrei mitdrehen. Das Auf- und Absteigen kann Probleme bereiten. Daher sollten möglichst nur „Damenräder", also Räder ohne übersteigbare Stange genutzt werden. Ebenso sollte auf Sportlenker verzichtet werden, um möglichst aufrecht sitzen zu können.

Der Einwand, die Hebelwirkung beim Radfahren sei für die Gelenke schädlich, ist eine übertriebene Sorge, solange größere Steigungen vermieden werden und nicht bis zur Erschöpfung gefahren wird. Anfangs sollten die Strecken nicht zu lang sein, 2 bis 3 Kilometer sind zunächst ausreichend, man muss auch noch zurückfahren können.

Das Schwimmen

Eine sehr empfehlenswerte Alternative ist das Schwimmen. Auch bei fortgeschrittener Erkrankung ist das Schwimmen, im warmen Wasser noch verträglich, Auch hier wird Ihnen das Körpergewicht abgenommen und Sie können Ihre Bewegungseinsätze nach Ihrem Empfinden dosieren.

Grundsätzlich sind alle Sportarten für die Gesundheit förderlich. Je nach Fortschritt der Erkrankung bei Gelenkschäden muss aber die sportliche Betätigung immer mehr eingeschränkt werden. Entscheidend ist die Schmerzfreiheit. Soweit Sie ohne Schmerzen bleiben, können Sie Ihre bisherige Sportart weiter ausführen, mit der Ausnahme von Kampfsportarten, einschließlich Fußball.

Kreislauf aktivieren

Die folgende Übung regt nicht nur Ihren Kreislauf an, sie kann auch sehr tief entspannen. Vor allem bietet sie die Möglichkeit, die Heilung von chronischen Erkrankungen zu unterstützen, wenn sie über einen längeren Zeitraum genutzt wird.

Diese Übung habe ich aus dem Buch von Heinrich Heimel mit dem Titel: **„Blutwell-Übungen"** entnommen. Heinrich Heimel beschreibt in diesem Buch nicht nur diese Übung, er erläutert auch wichtige Zusammenhänge von Gesundheit und Krankheit. Leider ist dieses sehr empfehlenswerte Buch zurzeit vergriffen.

Der besondere Wert dieser Übung liegt in der Kombination von An- und Entspannung, sowie der intensiven Atmung. Sowohl die enthaltende Tiefatmung, als auch das stoßweise Ausatmen reinigt nicht nur die Lungen, sondern fördert auch eine erhöhte Sauerstoffaufnahme des Blutes. Und das erfolgt gleichzeitig mit der Aktivierung des Kreislaufes durch An- und Entspannung der Muskel. Was dann wiederum die Versorgung aller Körperbereiche optimiert.

Am wirkungsvollsten ist jedoch die Entspannung, auf der körperlichen und geistigen Ebene. Ohne vorhergehende Anspannung kommt es nicht zu einer tiefer gehenden Entspannung. Das liegt unter anderem an dem Zusammenspiel unseres Muskelsystems. Ein verspannter Muskel kann sich nicht selbst befreien, er benötigt dazu die Anspannung seines Gegenspielers. Was tun Sie, wenn Sie einen Krampf im Fuß haben? Sie belasten den Fuß und spannen ihn an.

Im Prinzip gilt das auch für unsere geistige Verspannung, dem Stress. Ruhe allein kann uns von unserem Stress nicht befreien, obwohl wir das immer wieder betonen. Meditation, Autogenes Training oder auch Erholungskuren tun uns zwar gut, ändern aber nur wenig an unserer Stressbelastung. Und Stress und Krankheit sind enge Verwandte.

Meine Erfahrungen mit dieser „Blutwell-Übung" sind noch zu gering, um eine Aussage zur Behandlung von Krankheiten zu machen. Ich benutze sie täglich, um mich weiter fit und frisch zu erhalten.

Heinrich Heimel schreibt in seinem Buch, dass sich bei erhöhtem Blutdruck, Neurasthenie, Gemütsdepressionen, Kreislaufstörungen und Arythmie die Blutwell-Übung in kurzer Zeit bewährt hat. Als weiterer Indikationsbereich sieht er Erkrankungen wie Rheuma, Gicht, Arthritis, Herzschwächen, nervöse Erschlaffung, Schlaflosigkeit und Alterserscheinungen.

Die Übung: Der Ablauf der Übung besteht im zehnmaligen An- und Entspannen von Beinen und Armen, sowie vom Bauch und von der Brust, in einer bestimmten Reihenfolge. Das kurze Anspannen erfolgt im Rhythmus der Ausatmung, wobei das Ausatmen ein kurzes „Auspusten" ist.

Beim Anspannen der Muskel gehen Sie bitte zunächst vorsichtig vor, um einen Muskelkater zu vermeiden. Nach einigen Übungen können Sie dann die Intensität nach Empfinden steigern. Spannen Sie aber bei dem jeweiligen Körperglied alle Muskel gleichzeitig an. Zum Beispiel beim Bein alle Muskel von der Pobacke bis zu den Füßen anspannen und bei den Armen die Hände zur Faust ballen.

Das kurzzeitige Anspannen von Beinen und Armen dürfte kein Problem sein. Beim Bauch und bei der Brust könnte es für einige etwas schwieriger sein. Beim Anspannen des Bauches, das heißt beim Einziehen, ist auch der Unterleib mit anzuspannen. Das Anspannen der Brust wird erleichtert, wenn man gleichzeitig beide Schultern etwas nach vorne zieht.

Das rhythmische Pusten muss für zehn Wiederholungen reichen. Man atmet zwar dabei automatisch immer etwas Luft ein, aber es ist wichtig vorher sehr tief einzuatmen, um sich beim Pusten nicht zu verausgaben. Heinrich Heimel empfiehlt ein tiefes Einatmen über vier Stufen und meint damit, über Bauch, Magen, Brust bis in die Schulter einzuatmen. Vor diesem Einatmen sollten Sie noch einmal kräftig ausatmen.

Sie müssen nicht kräftig pusten, es genügt ein kurzer Ansatz. Entsprechend kann der Rhythmus sehr zügig erfolgen, bis auf den Bauchbereich. Hier braucht die Bauchdecke etwas Zeit, um nach dem Einziehen wieder zurück zu schnellen.

Heimel empfiehlt, die Übungen morgens im Bett zu machen, um die Bettwärme zu nutzen. Ich mache das lieber im Laufe des Tages auf meinem Sofa. Dabei lagere ich meine Beine auf Kissen etwas höher und achte darauf, dass die Knie unterstützt sind. Bevor ich mit den Übungen beginne, recke und dehne ich mich einmal und entspanne mich mit einigen tiefen Atemzügen.

Ausführung der Übung:

Jeweils zehn Mal werden die folgenden Körperbereiche nacheinander an- und entspannt:

rechtes Bein
linkes Bein
rechtes und linkes Bein im Wechsel
rechtes und linkes Bein gleichzeitig
Bauch und Unterleib
rechter Arm
linker Arm
rechter und linker Arm im Wechsel
rechter und linker Arm gleichzeitig
Brust
rechtes Bein und rechter Arm im Wechsel
rechtes Bein und rechter Arm gleichzeitig
linkes Bein und linker Arm im Wechsel
linkes Bein und linker Arm gleichzeitig
rechtes Bein und linker Arm im Wechsel
rechtes Bein und linker Arm gleichzeitig
linkes Bein und rechter Arm im Wechsel
linkes Bein und rechter Arm gleichzeitig
rechtes und linkes Bein und Bauch gleichzeitig
rechter und linker Arm und Brust gleichzeitig
Beine, Arme, Bauch und Brust gleichzeitig

Noch einmal zur Übersicht:

Beine allein, im Wechsel und gleichzeitig
Bauch und Unterleib
Arme allein, im Wechsel und gleichzeitig
Brust
Beine und Arme je Seite im Wechsel und gleichzeitig
Beine und Arme diagonal im Wechsel und gleichzeitig
Beine und Bauch gleichzeitig
Arme und Brust gleichzeitig
Beine, Arme, Bauch und Brust gleichzeitig

Die Vielzahl der Übungsteile erscheint zunächst verwirrend. Die systematische Reihenfolge prägt sich aber schnell ein. Und wenn Sie im Anfang die Reihenfolge nicht einhalten oder ein Übungsteil vergessen, ist dass auch nicht weiter schlimm. Nach einigen Übungen können Sie sich mit geschlossenen Augen ganz auf das An- und Entspannen konzentrieren.

Für die gesamte Übung brauchen Sie nur knapp zehn Minuten. Aber nach der Übung sollten Sie sich noch mindestens weitere zehn Minuten Ruhe gönnen und Ihren pulsierenden Körper genießen.

Das können Sie noch intensivieren, wenn Sie sich bewusst in Ihren Körper einfühlen. Dazu fühlen Sie nacheinander in Ihre Körperbereiche: Hände und Arme, Schulter, Brust, Bauch, Unterleib, Beine, Füße, Gesicht, Augen, Ohren und Gehirn. Und wiederholen das noch einmal. Ich erreiche dadurch eine wunderbare Entspannung, auf die ich mich jeden Tag wieder freue.

Dieses Einfühlen in die Körperbereiche kann man auch ohne die vorhergehende Blutwellübung zur Entspannung nutzen. Nach etwas Übung, muss man dabei auch nicht die Augen schließen, sodass dies zu jeder Zeit und in allen Lebenslagen anwendbar ist.

Fußbäder / Salben / Öle

Fußbäder in jeglicher Form fördern intensiv die Durchblutung der Beine bis zur Hüfte, sei es das Wassertreten im kalten Wasser, über Wechselbäder bis zu Temperatur ansteigenden Bäder. Da mit der verstärkten Durchblutung auch eine Entspannung der Muskeln erfolgt, sind Fußbäder gerade bei Gelenkbeschwerden und Arthrose zu empfehlen.

Der bekannte wasserheilkundige Sebastian Kneipp hatte bereits vor gut hundert Jahren herausgefunden, dass Temperatur ansteigende Bäder besonders wirksam sind. Er steigerte allmählich die Wassertemperatur, indem er alle 5 Minuten heißes Wasser hinzu goss. Dies lässt sich heute noch genau so ausführen, Fußbadewannen gibt es heute in großer Auswahl.

Nach dem kneippschen Grundprinzip hat vor längerer Zeit die Firma Schiele eine spezielle Fußwanne entwickelt, die sie als „passives Kreislauftraining" anbietet. In dieser Wanne ist ein Heizgerät enthalten, mit dem die Wassertemperatur kontinuierlich ansteigt. Während der Badezeit von circa 20 Minuten erhöht sich die Temperatur allmählich von 35° auf 45°.

Durch die eingebaute, spezielle Technik ist diese Fußwanne leider sehr teuer. Trotzdem möchte ich, auch aus eigener Erfahrung, dieses „Gerät" empfehlen. Der Wärmereiz beginnt in den Fußsohlen und stimuliert hier die körperbezogenen Reflexpunkte. Die Wärme und damit auch die Entspannung dehnen sich von den Füßen in alle Körperbereiche aus, einschließlich Haut. Dies lässt sich wohltuend empfinden, wenn Sie sich unmittelbar nach dem Fußbad für einige Minuten hinlegen und ausruhen. Durch verschiedene Faktoren, wie verstärkte Durchblutung, Blutverlagerung in die Außenbereiche und konstanter Wärmereiz, öffnen sich brachliegende Kapillaren. Ebenso werden die Organe entlastet.

Zur Verstärkung dieser positiven Auswirkungen können dem Bad noch verschiedene Zusatzmittel beigegeben werden.

Salben und Öle können bei Gelenkerkrankungen und Arthrose wenig ausrichten, auch wenn der Indianer keinen Schmerz kennt, wenn er eine bestimmte Salbe aufträgt. Trotzdem ist die Verwendung von Salben und Ölen sinnvoll, wenn damit eine Linderung der Schmerzen, zumindest vorübergehend erreicht werden kann. Meine Sorge geht dahin, dass in der Reklame immer mehr versprochen wird, als überhaupt erreichbar ist. Das gilt besonders auch für die unzähligen „Wundermittel" gegen Arthrose.

Anstelle der „Reklamesalben" können Sie dazu auch die altbewährten Moorsalben oder Pferdebalsam verwenden. Für Öle empfehle ich die Muskelöle, die auf der Basis von Olivenöl und Johanniskrautöl zusammen gestellt sind.

Mit diesen Ölen, oder Salben, lohnt es sich, täglich alle schmerzenden Bereiche sanft zu massieren. Besonders die Öle dringen schnell in die Haut ein, fördern die Durchblutung und entspannen die Muskeln. Massieren Sie immer auch den unteren Rückenbereich, den Sie etwas kräftiger behandeln können. Greifen Sie dazu mit beiden Händen so hoch Sie können und massieren dann mit Ihren Fingerspitzen unter Druck, links und rechts entlang der Wirbelsäule bis zum Kreuzbein. Diese Teilmassage ist vergleichbar mit der „Breuß-Massage", die den gesamten Rückenbereich erfasst. Die „Breuß-Massage" wird in einem späteren Abschnitt erläutert.

Teil 4

Ergänzungstherapien

Kinesio Tapes

Kinesio Tapes sind Klebebänder, die auf Muskeln und Gelenke aufgeklebt werden. Sie Tapes sind nicht vergleichbar mit Bandagen. Sie werden nur aufgeklebt und lassen den Muskeln und Gelenken freie Bewegungsmöglichkeit. Die Anwendung ist denkbar einfach, die Wirkung ganz hervorragend.

In der Sport-Physiotherapie hat das „Tapen" auf breiter Basis Einzug gehalten, sowohl bei der Behandlung von Schäden, als auch zum Vorsorgeschutz von Muskeln und Gelenken. Bei jeder Sportveranstaltung sehen Sie heute einige Sportler mit den roten und blauen Klebebändern.

Seit einiger Zeit verbreitet sich diese Anwendung auch erfolgreich außerhalb des Sportbereiches. Die Klebebänder sind preiswert und können ohne fremde Hilfe aufgetragen werden. In Japan, dem Ursprungsland der Kinesio Tapes werden die Klebebänder wie Pflaster eingesetzt.

Bei Gelenkbeschwerden und Arthrosen ist die Anwendung der Klebebänder eine große Hilfe für die Schmerzbehandlung und Stabilisierung der Muskeln. Leider aber mit einigen Einschränkungen. Bei Sportunfällen sind, im Gegensatz zur Arthrose, die Schäden noch frisch und die betroffenen Muskeln meist nur punktuell geschädigt. Hier erfolgt die Wiederherstellung in sehr kurzer Zeit, häufig in nur wenigen Tagen.

Es geht aber nicht nur um die unterschiedliche Heilungszeit. Problematischer ist die Art der Schädigung. Bei Gelenkbeschwerden und Arthrosen sind immer mehrere Muskelgruppen, oder sogar ganze Muskelketten betroffen. Wenn Sie einen geschädigten Muskel entlasten, werden dadurch andere geschädigte Muskelbereiche zusätzlich belastet und reagieren entsprechend. Sie können aber nicht alle betroffenen Muskeln auf einmal abkleben. Das macht eine Selbstbehandlung so schwierig. Sie brauchen dafür einen auf diesem Gebiet sehr erfahrenen Therapeuten, die Kenntnisse und Erfahrungen aus der Sporttherapie reichen dafür nicht aus.

Da Sie mit dem Tapen keinen Schaden anrichten, können Sie eine Selbstbehandlung trotzdem versuchen, eventuell gemeinsam mit jemandem, der Ihnen auch den Rücken bekleben kann. Wenn sich nach dem Aufkleben, etwas unangenehm verändern sollte, ziehen Sie die Bänder einfach wieder ab. Es gibt einige Bücher in denen die richtige Handhabung ausführlich erläutert wird, sogar mit guten Bildern für alle wichtigen Schritte.

Abgesehen von der richtigen Auswahl der Klebefläche, müssen bei der Ausführung nur wenige Punkte beachtet werden. Da ist einmal das Rundschneiden der beiden Schnittstellen, um zu verhindern, dass sich die Ecken ablösen. Weiter das spannungsfreie Aufkleben der so genannten Anker an beiden Enden des Klebebandes und etwas schwieriger, die richtige Vorspannung zu berücksichtigen. Die Farbunterschiede der Tapes haben aus meiner Sicht keine Bedeutung.

Die fünf „Tibeter"

Die fünf „Tibeter" gelten als die „Quelle der Jugend", das Geheimnis aus den Hochtälern des Himalaya. Das klingt übertrieben und mystisch, aber ich versichere Ihnen, mit dieser Übungsmethode ist es tatsächlich möglich, Ihren Alterungsprozess anzuhalten oder zumindest zu verlangsamen. Nun werden Sie vielleicht einwenden, mit meinen Gelenken, oder in meinem Alter, ist das illusorisch. Ist es aber nicht, das Alter spielt dabei keine Rolle und bei Arthrose kommt es darauf an, wie fortgeschritten der Muskelschaden ist. Mit Ausnahme der Hand- und Schultergelenke werden die übrigen Gelenke bei dieser Übung kaum belastet. Bei schwachen oder empfindlichen Handgelenken müssen Sie allerdings auf diese Übungen verzichten.

Die Übung besteht aus 5 Übungsteilen, die jeweils mehrere Male wiederholt werden. Man fängt mit zwei Wiederholungen an und steigert dann ganz allmählich die Anzahl der Wiederholungen bis maximal 21 mal. Die Ausführung der Übungen ist sehr einfach und bei den zunächst wenigen Wiederholungen auch nicht anstrengend. Die allmähliche Steigerung sollte man auf mehrere Monate verteilen. Die Übungen sollten täglich ausgeführt werden, bei längeren Unterbrechungen müssen Sie wieder von vorn anfangen.

Welchen Nutzen bringen Ihnen diese Übungen und was bedeutet, den Alterungsprozess anhalten? Die Übungen sind so aufeinander abgestimmt, dass die wichtigsten Lebensantriebe angeregt und trainiert werden. Da ist zunächst der innere, unsichtbare Energiekreislauf, der im Alter schwächer wird und bei Erkrankungen gestört ist. Dann ist es das Blut-Kreislaufsystem, das in Fluss gehalten wird. Vor allem wird das gesamte Muskelsystem beansprucht und trainiert. Mit zu nehmenden Alter, oder auch bei fehlender Bewegung, erschlaffen die Muskeln und schrumpfen.

Das wird vor allem bei dem Hüft-Lendenmuskel, dem Iliopsoas deutlich. Wenn dieser Muskel schrumpft und sich verkürzt, kippt unser Becken nach vorn und wir werden gebeugt, eine typische Alterserscheinung.

Mit dem körperlichen Wohlbefinden wird auch die psychische Ebene angehoben. Alle Körperfunktionen werden von diesen Übungen positiv beeinflusst, Unregelmäßigkeiten werden harmonisiert, Alltagsbeschwerden beseitigt. Die fünf „Tibeter" bieten somit ein ideales Übungsprogramm für Gesundheit, Vitalität und Lebensfreude. Diese Ergebnisse sind aber nur möglich, wenn die Übungen regelmäßig über einen längeren Zeitraum erfolgen. Die Übungen dauern nur wenige Minuten und sind daher kein Zeitproblem. Für mich sind die fünf „Tibeter" seit einigen Jahren ein fester Bestandteil meines Tagesablaufs.

Von den fünf Übungsteilen sind bereits drei Übungen in meinem oben beschriebenen Übungsprogramm enthalten. Es sind die Übungen D 3, D 4 und D 5, die ich für die Wichtigsten der fünf Tibeter halte. Natürlich können Sie auch die beiden Übrigen noch ergänzen. Das ist einmal das schnelle Drehen um die eigene Achse mit gestreckten Armen und zum andern, das Anheben der gestreckten Beine im Liegen. Von dieser letzten Übung rate ich allerdings ab, weil hierbei das Kreuz zu sehr beansprucht wird. Die Rückenrolle ist da verträglicher und mindestens ebenso wirksam.

Neben dem Taschenbuch mit guten Erläuterungen finden Sie auch die Darstellungen der „fünf Tibeter" im Internet.

Dorn / Breuß

Die **Dorn-Therapie** und die Breuß-Massage werden meistens zusammen angewendet. Mit der Dorn-Therapie werden verschobene Rückenwirbel und Gelenke mit einer sanften und einfachen Methode wieder in die richtige Lage gebracht. Bei der Breuß-Massage wird der gesamte Rücken, besonders die Wirbelsäule mit Muskelöl massiert und entspannt.

Nahezu können alle Gelenk- und Wirbelfehlstellungen mit den Handgriffen der Dorn-Therapie beseitigt werden. Damit werden nicht nur akute Beschwerden wirksam behandelt, auch als Vorbeugemaßnahme ist diese Behandlung zu empfehlen. Viele Gelenkanomalien bleiben zunächst unauffällig, verursachen aber eine chronische Fehlbelastung mit entsprechenden Folgen, zum Beispiel eine Hüftverschiebung mit unterschiedlichen Beinlängen. Vor allem ist es die Wirbelsäule, die bereits bei kleinen Abweichungen spätere Schäden verursacht. Aber auch viele akute Beschwerden haben ihre Ursache in der Wirbelsäule, ohne dass ein Wirbel irgendeine Empfindlichkeit zeigt.

So war zum Beispiel bei einer Patientin eine geringfügige Verschiebung eines Halswirbels die Ursache für ganz unterschiedliche Beschwerden. Sie hatte Probleme mit den Armen, Störungen der Schilddrüsenfunktion und sogar eine Nahrungsunverträglichkeit. Ich war dann selbst etwas überrascht, als nach meiner Behandlung alle Probleme verschwunden waren.

Aber die Behandlung der Halswirbel ist nicht ungefährlich. Lassen Sie sich vor allem nicht chiropraktisch den Kopf „einrenken". Die Gefahr ist zu groß, dass dabei Nerven eingeklemmt werden können und Sie für längere Zeit eine stützende Halskrause benötigen. Bei einer verantwortungsvollen Behandlung liegen Sie auf dem Rücken mit entspanntem Nacken und der Behandler tastet mit seinen Fingerspitzen die Halswirbel ab.

Bei unklaren Organbeschwerden, vor allem bei erkennbaren Veränderungen an der Wirbelsäule, könnte ein „Gesundheitsscheck" mit der Dorn-Therapie mögliche Hilfe leisten. Die Wirbelsäule ist mit allen Organen und Körperbereichen vernetzt. Bei bereits vorhandenen Gelenkschäden und bei Arthrose kann die Dorn-Therapie allerdings kaum noch wirksam helfen. Einige Teile der Dorn-Therapie können Sie auch als Selbstbehandlung anwenden. Die dafür erforderlichen Anleitungen finden Sie detailliert in verschiedenen Büchern über diese Therapie.

Breuß-Massage

Mit der Breuß-Massage wird folgendes erreicht: Das reichlich aufgetragene Muskelöl wird über eine längere Zeit sanft in den Rücken einmassiert, vorwiegend links und rechts der Dornfortsätze mit den Fingerkuppen. Die Massage erfolgt mit leichtem Druck und immer in Richtung Gesäß. Dadurch werden die Wirbelkörper etwas gelockert und die Bandscheiben können sich wieder auffüllen. Dabei sorgt das einmassierte Öl für den notwendigen Flüssigkeitsdruck im Bandscheibenbereich.

Nach der etwa 20 Minuten dauernden Behandlung ist die Auflockerung der Wirbelsäule deutlich zu spüren, man fühlt sich wohltuend lockerer und leichter. Wichtig ist allerdings, dass zumindest bei der ersten Behandlung nicht zu fest massiert wird, vorsichtshalber sollten Sie Ihren Behandler ausdrücklich darauf hinweisen.

Selbstmassage: Mit einer Selbstmassage können Sie so etwas nicht erreichen. Bei der Breuß-Massage liegen Sie entspannt auf dem Bauch und die Wirbelsäule ist unbelastet. Für den unteren Rücken, für den Kreuzbereich können Sie aber trotzdem folgendes versuchen:

Sie sitzen oder stehen und tragen auf Ihren unteren Rücken reichlich Muskelöl auf. Es kann auch Oliven- oder Argan-Öl sein. Das Öl massieren Sie mit den Handflächen beider Hände gründlich ein, ohne Druck. Als nächstes massieren Sie mit den Fingerkuppen und leichtem Druck mehrmals die Rückenbereiche links und rechts dicht neben der Wirbelsäule. Greifen Sie dabei so hoch wie Sie können und massieren nach unten bis in die oberen Ansätze der Pobacken.

Danach massieren Sie abschnittsweise „quer". Dazu legen Sie die Fingerspitzen beider Hände gegeneinander auf die Wirbelsäule und massieren mit leichtem Druck die tastbaren Muskelstränge nach außen. Abschließend machen Sie noch einmal eine leichte Streichmassage über den ganzen Bereich.

Lassen Sie dann Ihre Hände für etwa eine Minute darauf liegen und konzentrieren sich auf die Wärme Ihrer Hände.

Nach dieser Massage sollten Sie im Kreuzbereich eine wohltuende Entspannung und Wärme fühlen. Bei auftretenden Schmerzen müssen Sie leider auf diese Möglichkeit verzichten. Wenn es für Sie angenehm verläuft, können Sie es täglich wiederholen. Alternativ können Sie die Massage auch „trocken" ausführen, das heißt ohne Öl und über die Kleidung. Sie ist dann nicht ganz so wirksam, aber ohne Aufwand und jeder Zeit durchführbar.

Japanisches Heilströmen

Das japanische Heilströmen ist unter dem Namen „Jin Shin Jyutsu" durch mehrere Bücher in Deutschland bekannt geworden. Seit einiger Zeit ist seine Anwendung weit verbreitet und als zeitgemäßes Heilverfahren zumindest in der Naturheilkunde anerkannt. Dieses neue Verfahren unterscheidet sich nicht wesentlich vom Handauflegen deutscher Tradition. Die japanische Methode ist jedoch einfacher anzuwenden und besser nachzuvollziehen. Die Behandlung erfolgt über vorgegebene Energiepunkte, systematisch gegliedert nach Art der Erkrankung, vergleichbar mit der Akupunktur.

Das Handauflegen hatte bisher in Deutschland keinen guten Ruf, es wurde sogar als „Quacksalberei" eingestuft. Obwohl uns das Handauflegen bereits instinktiv vorgegeben ist, beschränkte sich die Anerkennung, wenn überhaupt, auf Heiler mit besonderen Fähigkeiten. Heute liegen Forschungsergebnisse vor, die eine wissenschaftliche Betrachtungsweise ermöglichen und jeder ist in der Lage mit seinen Händen wirksam zu behandeln.

Das japanische Heilströmen bietet Ihnen die Möglichkeit, alle Alltagsbeschwerden selbst zu behandeln. Allerdings muss ich auch hier wieder einschränken, dass Sie damit keine Gelenkschäden beseitigen können. Aber es kann dennoch für Sie eine große Hilfe sein. Mit dem Heilströmen können Sie zumindest Ihre Schmerzen lindern, möglicherweise auch ganz auflösen. Ähnlich wie bei der Akupunktur, beseitigen Sie Blockaden und Störungen in Ihren Energieströmen. Sie harmonisieren Ihren körpereigenen Energiefluss, was Sie auch deutlich spüren können. Sie fühlen sich danach frischer und energievoller, ebenso werden Ihre Selbstheilungskräfte angeregt.

Das Heilströmen kennt 2 mal 26 Energiepunkte, die auf der Vorder- und Rückseite des Körpers jeweils paarig angelegt sind.

Dazu kommen die Fingerhaltungen, wobei jeder Finger bestimmten Organen zugeordnet ist. Die Behandlung erfolgt durch das „Halten" dieser Energiepunkte, dass heißt, die Fingerkuppen werden ohne Druck aufgelegt und für zwei oder mehr Minuten so gehalten. Es gibt Punktkombinationen und so genannte Organströme, bei denen mehrere Punkte nacheinander „gehalten" werden. Unabhängig von den Energiepunkten können Sie auch jede andere schmerzende Stelle Ihres Körpers „strömen". Alle Programme und Möglichkeiten sind auch für eine Behandlung Dritter geeignet.

Das möglichst täglich und dauerhaft auszuführende Standardprogramm nennt sich „Zentralstrom". Der Zentralstrom aktiviert den Verlauf unserer zirkulierenden Lebensenergie, die vom Kopf nach unten fließt und auf der Rückseite des Körpers wieder aufsteigt. Bei regelmäßiger Anwendung des Zentralstroms wird deutlich spürbar Ihre Lebensenergie und Ihr Lebensgefühl angehoben.

Dieser sehr wirksame Zentralstrom hat eine so einfache Technik, dass Sie ihn gleich anwenden können. Er besteht aus acht Schritten. Bei jedem Schritt legen Sie beide Hände gleichzeitig auf die unten angegebenen Punkte für jeweils 2 bis 3 Minuten, oder auch länger. Das Auflegen erfolgt ohne Druck, mit den drei Kuppen der mittleren Finger, bei der Nasenspitze nur mir einer Fingerkuppe.

Sie können diese Übung sowohl im Sitzen, als auch im Liegen machen. Für den rechten Arm ist es anstrengend die Position längere Zeit zu halten. Unterstützen Sie ihn mit einem Kissen, oder legen Sie sich etwas zur Seite. Nach etwas Übung werden Sie bei den einzelnen Punkten ein Pulsieren fühlen, ein Zeichen für den Energiefluss.

Aber auch ohne dieses Pulsieren ist die Übung wirksam. Ebenso brauchen Sie sich keine Sorge machen, den richtigen Punkt zu finden. Wenn Sie auf den angegebenen Bereich Ihre drei Fingerkuppen legen, erreichen Sie immer die richtige Stelle.

1. Schritt: rechte Hand auf den höchsten Punkt des Kopfes, wo sie bis zum 6. Punkt liegen bleibt, linke Hand auf die Stirnmitte, oberhalb der Augenbrauenlinie.

2. Schritt: rechte Hand bleibt liegen, linke Hand mit einer Fingerkuppe auf die Nasenspitze.

3. Schritt: rechte Hand bleibt liegen, linke Hand in die Halsgrube oberhalb des Brustbeins.

4. Schritt: rechte Hand bleibt liegen, linke Hand auf die Mitte des Brustbeins.

5. Schritt: rechte Hand bleibt liegen, linke Hand unter das Ende des Brustbeins. Etwas oberhalb des Sonnengeflechts (Solarplexus).

6. Schritt: rechte Hand bleibt liegen, linke Hand circa zwei Fingerbreiten über dem Nabel

7. Schritt: rechte Hand bleibt liegen, linke Hand aufs Schambein.

8. Schritt: rechte Hand aufs Steißbein, linke Hand bleibt auf dem Schambein.

Sie können diese acht Schritte auch einzeln nutzen und damit die entsprechenden Körperbereiche harmonisieren. Die Zuordnung der einzelnen Schritte ist wie folgt:

Schritt-1: Gehirnfunktionen, geistige Vitalität, Gedächtnis, Stirnhöhlen und Augen

Schritt-2: Nasenbereich, Augen, Unterleib, Urogenitaltrakt und Becken

Schritt-3: Schilddrüse, Stoffwechsel, Calcium- und Magnesiumhaushalt, Nebenschilddrüse

Schritt-4: Thymusdrüse, Immunsystem, Herz, Atmung, Stressabbau, hilft bei Seelenschmerzen

Schritt-5: Milz, Magen, Pankreas und Nieren, Verdauung und Herz-Kreislauf-System

Schritt-6: Dünn- und Dickdarm, seelische und körperliche Stabilität, Immunsystem

Schritt-7: Wirbelsäule, Bandscheiben, macht den Kopf frei, bringt Harmonie

Schritt-8: Becken und Sexualität, harmonisiert vom Kopf bis zu den Füßen

Diese Übungen können Sie zwar auch nebenbei beim Fernsehen machen. Wirksamer sind sie aber, wenn Sie die Augen schließen und sich auf die Punkte konzentrieren. So können Sie auch die Reaktionen in den betreffenden Bereichen wahrnehmen. Wenn Sie sich ähnlich wie bei der Synchronisations-Übung, auf die jeweiligen zwei Punkte gleichzeitig konzentrieren, wird Ihre Übung noch intensiver.

Bücher über das japanische Heilströmen finden Sie im Literaturverzeichnis. Für den schnellen Einstieg in die weiteren Übungen empfehle ich die Taschenbücher von Ingrid Schlieske oder von Felicitas Waldeck. Wer sich tiefer darüber informieren möchte, findet das in dem Buch von Waltraud Riegger-Krause.

Quantentherapie

Aus den Erkenntnissen der Quantenphysik ist ein neues Weltbild entstanden, das einen großen Teil unserer bisherigen Vorstellungen ändert. So besteht die „feste" Materie, also auch unser Körper, aus Energieschwingungen und auf der grundlegendsten Ebene der Realität aus Quanten. Diese Quanten sind sowohl Teichen als auch Schwingung und können über das Bewusstsein beeinflusst werden. Auf der Grundlage dieser Zusammenhänge haben nun Gesundheitsexperten als neue Heilungsmethode die Quantentherapie entwickelt.

Vorwiegend unter dem Namen „Quantenheilung" gibt es bereits sehr viele Bücher, die über diese Methode ausführlich informieren mit Anleitungen zur Anwendung. Im Gegensatz zu den schwer erfassbaren Grundlagen und Zusammenhängen, ist die Anwendung so einfach, dass sie jeder erlernen und anwenden kann.

Was können Sie mit der Quantentherapie heilen? Die Möglichkeiten der Quantenheilung sind unbegrenzt, soweit Ihre Selbstheilungskräfte dies noch schaffen können. Denn nichts anderes bewirkt die Quantenheilung, als die Aktivierung der Selbstheilungskräfte in höchster Form. Und da sind wir wieder bei den Grenzen für Gelenkschäden. Selbst der Knorpelschaden kann nicht geheilt werden, wenn nicht von „außen" die notwendige Bewegung erfolgt. Ich höre zwar manchmal, dass jemand eine Arthrose mit der Quantentherapie geheilt hat, aber das entspricht nicht meiner Erfahrung.

Dennoch kann die Quantentherapie bei Gelenkschäden eine sehr große Hilfe sein. Zum Beispiel können gestörte und schmerzende Muskeln wirksam behandelt werden. Entspannung und bessere Durchblutung wird nahezu sofort erreicht und gleichzeitig alle Blockaden gelöst. Mit der Quantentherapie können Sie dadurch die Muskel-Impulstherapie ersetzen. Viele Gelenkbeschwerden entstehen durch Verspannungen, solche Beschwerden sind mit der Quantentherapie einfach und schnell zu beseitigen. Mit jeder Behandlung lösen Sie eine Energiewelle aus, die auf der tiefer liegenden energetischen Ebene Störungen beseitigt und die Selbstheilung wieder in Gang setzt.

Für die Anwendung der Quantentherapie gibt es verschiedene Verfahren. Am bekanntesten ist die so genannte zwei Punkt Methode. Bei dieser Methode berühren Sie mit Ihren Händen zwei Körperpunkte und konzentrieren sich auf diese beiden Kontaktstellen. Wenn Sie jetzt für eine kurze Dauer Ihre Gedanken abschalten können, lösen Sie bereits in Ihrem Innern eine Energiewelle aus. Für die gleichzeitige Konzentration auf zwei Körperpunkte ist etwas Übung erforderlich. Soweit Sie die im früheren Abschnitt empfohlene Übung zur Synchronisation kennen, wird Ihnen das leicht fallen.

Das Ausschalten Ihrer Gedanken ist schon schwieriger, aber es gibt einige Tricks, mit denen Sie Ihren Verstand überlisten können. Wenn Sie Ihrem Verstand zum Beispiel die Frage stellen. „Welche Farbe hat mein nächster Gedanke" wird keine Antwort kommen, Während Sie auf die Antwort warten, sind Sie in Ihrem „reinen" Bewusstsein. Noch einfacher erreichen Sie eine Gedankenfreiheit, wenn Sie bewusst langsam ausatmen.

Während Ihr Verstand ausgeschaltet ist, können Sie dann Ihrem Bewusstsein Ihre Wünsche auftragen, wie zum Beispiel „Mein Nacken ist entspannt". Dieser kurze Überblick reicht natürlich nicht aus, die Quantentherapie anzuwenden, aber ich möchte Sie ermuntern, sich mit dieser Therapie zu beschäftigen.

Auch ohne sich mit der Quantentherapie weiter zu befassen, könnte die folgende Möglichkeit zur Entspannung eine wertvolle Hilfe für Sie sein. Damit können Sie sich selbst insgesamt entspannen, oder auch jeden Körperteil von Verspannungen befreien.

Autonomes Entspannen

Unser autonomes Nervensystem können wir über unseren Verstand nicht direkt beeinflussen. Beim Autogenen Training gelingt uns das nach einiger Übungszeit durch wiederholte Suggestionen. Einfacher und schneller geht es mit der Zweipunkt-Methode.

Die Anwendung ist sehr einfach: Sie sitzen oder liegen in entspannter Lage. Ihre beiden Hände legen Sie jetzt auf Ihre Brust, die Fingerspitzen haben einen Abstand von circa 3 Zentimeter. Die Augen sind geschlossen. Nun drücken Sie leicht die Fingerkuppen beider Zeigefinger auf Ihre Brust. Während Sie die beiden Druckpunkte gleichzeitig fühlen, sagen Sie sich gedanklich:

„Ich bin entspannt, ich bin ganz entspannt, Entspannung auf allen Ebenen"

Danach lassen Sie Ihren Fingerdruck los und atmen zweimal tief durch. In diesem Moment fühlen Sie eine Entspannung im ganzen Körper.

Zur Entspannung Ihres Knies legen Sie rechts und links vom Knie Ihre Fingerspitzen auf und verfahren weiter, wie oben beschrieben. Entspannen Sie so in gleicher Form Ihren Nacken oder auch Ihr Kreuz. Ergänzend können Sie auch die Durchblutung der jeweiligen Körperteile anregen, indem Sie zusätzlich auffordern:

„Mein Knie ist gut durchblutet und angenehm warm"

Wenn Sie am Anfang noch zu wenig Reaktionen spüren können, dann synchronisieren Sie vorher Ihre Hände. Dazu halten Sie Ihre Hände mit etwas Abstand vor sich und konzentrieren sich auf beide Hand-Innenflächen gleichzeitig für einige Sekunden.

Ernährungsempfehlungen

Was eine richtige oder falsche Ernährung ist, konnte bis heute noch nicht abschließend geklärt werden. Die Meinungen darüber wechseln mit den Experten und Jahren. Unsere angeborene Gebrauchsanweisung, nach der alles gut ist was gut schmeckt, kann nicht mehr funktionieren. Es gibt kaum noch Lebensmittel, die nicht geschmacklich aufgebessert sind. Da Obst und Gemüse allein nicht ausreichen, müssen wir uns von dem ernähren, was der Markt uns anbietet,

Glücklicherweise haben unser Magen und unser Verdauungssystem eine sehr große Toleranzbreite. Wenn die Ernährung maßvoll und nicht einseitig zusammengestellt wird, können wir mit dem heutigen Lebensmittelangebot noch gut zu recht kommen. Mit einer wichtigen Ausnahme: der Säure-Basen Haushalt ist nicht mehr im Gleichgewicht. Die heutige, normale Ernährung bewirkt einen ständigen Säureüberschuss, der nicht mehr abgebaut wird, zum Teil in das Körpergewebe eingelagert wird und unser Blut übersäuert. Ein Ausgleich durch basische Lebensmittel ist praktisch nicht möglich, da wir uns dafür nur noch mit Kartoffeln und ähnlichem ernähren müssten.

Der Säureüberschuss kann zur Quelle vieler Erkrankungen werden, macht sich aber bei sonstiger Gesundheit kaum bemerkbar. Wenn es aber zu chronischen oder immer wieder neu auftretenden Erkrankungen kommt, so muss erst der vorhandene Säureüberschuss abgebaut werden, um eine bleibende Verbesserung zu erreichen. Dies gilt in erster Linie für alle rheumatischen Erkrankungen, sowie auch für Gelenkerkrankungen und Arthrose.

Das Mittel der Wahl ist eine Säure-Basen-Ausgleichs-Kur, die von nahezu allen Arzneimittelherstellern angeboten wird. Ersatzweise kann die regelmäßige Einnahme von Heilerde zum Säureabbau beitragen, wenn gleichzeitig auf die stärksten Säurebildner verzichtet wird, wie vor allem Süßigkeiten jeder Art.

Unser wichtigstes „Nahrungsmittel" ist das Wasser. Wir benötigen davon täglich 1,5 bis 2 Liter, wenn alle Körperfunktionen optimal leistungsfähig bleiben sollen. Dies gilt besonders auch für den notwendigen Flüssigkeitsaustausch zum Säureabbau. Geeignet sind alle Getränke aus Wasser ohne Geschmackszutaten, wie Zucker und ähnlichem. Am einfachsten und preisgünstigsten ist das Trinken von Leitungswasser, vorausgesetzt es schmeckt und ist nicht mit chemischen Mitteln aufbereitet, Bei Ihrem Wasserwerk können Sie dazu eine Wasseranalyse anfordern.

Wenn wir nicht darauf achten, trinken wir gewöhnlich nur die halbe Menge. Beginnen Sie damit, etwas häufiger ein Glas zu trinken, die regelmäßige Verteilung auf kleine Mengen, ist fast noch wichtiger als die Gesamtmenge. Wenn Sie das Wasser warm trinken, beschleunigen Sie die Magenpassage, Ihr Magen braucht das Wasser nicht, auch nicht zum Mittagessen.

Allgemein selbstverständlich ist es, zum Essen auch zu trinken. Das ist aber nicht nur falsch, sondern gefährdet in hohem Maße die Gesundheit. Magen und Darm haben bekanntlich keine Zähne, sie verdauen allein mit speziellen Säften. Getränke beim Essen verdünnen diese Säfte, oder spülen sie weg. Gleichzeitig wird unzureichend gekaut. Für die unverdauten Speisereste verbleibt dann nur die Gärung mit Ablagerungen im Darm. Langfristig folgen daraus Allergien, Nahrungsunverträglichkeiten, Immunschwäche und viele andere Erkrankungen. Das sollte Sie aber nicht davon abhalten, beim Essen ein Glas Wein zutrinken. Wesentlich ist das ausreichende Kauen und die Getränke nicht als Spülmittel zu nutzen, wie es zum Beispiel bei fast allen Kindern leider üblich geworden ist.

Nahrungsergänzungsmittel: Unser Medizinsystem ist seit einigen Jahrzehnten zum Wirtschaftssystem geworden. Die Pharmaindustrie produziert zur Gewinnmaximierung, die Kliniken müssen ebenfalls Gewinne machen, um zu überleben. Der Arzt ist zum Leistungsträger geworden, der nach Eingriffszahlen bewertet wird. Das Werbungsverbot im Gesundheitswesen ist weitgehend aufgehoben, die Reklame boomt.

Das alles gilt leider auch für die Nahrungsergänzungsmittel, im Besonderen für die vielen Wundermittel, mit denen Arthrose geheilt werden soll. Begonnen hat dies mit der Veröffentlichung des Buches: „Die Arthrose Kur, die sensationelle Behandlungsform" auf der Grundlage von Glucosamin und Chondroitin. Im weiteren Verlauf stand die Hyaloronsäure im Mittelpunkt, zurzeit werden besondere Kollagene angepriesen.

Ich möchte ausdrücklich betonen, dass diese Mittel ohne Zweifel die wichtigsten „Nahrungsmittel" für die Knorpelzellen sind. Allerdings können diese Mittel eine tatsächliche Arthrose keinesfalls heilen. Eine Verbesserung bei Knorpelschäden kann dann erreicht werden, wenn die sonst ausreichende Eigenproduktion bei Stoffwechselerkrankungen gestört ist. Dies ist jedoch nur in Ausnahmefällen die Ursache von Knorpelschäden.

Für unsere allgemeine Gesundheit spielt unsere Ernährung sicherlich eine ganz wichtige Rolle. Aber abgesehen von Stoffwechselstörungen und Säureüberlastungen ist der Einfluss der Ernährung auf Gelenkschäden und Arthrose nicht erkennbar.

Literaturhinweise

Agustoni, Daniel
Craniosacral Selbstbehandlung
Kösel Verlag – ISBN: 978 3 466 34471 9

Alexander, Maximilian
Rheuma ist heilbar
Econ Verlag – ISBN:3 430 11024 6

Breddermann, Manfred
Fit und frisch im Alter
BoD-Verlag – ISBN: 9 783752 848 632

Coldwell, Leonard
Instinktbasierte Medizin
Jim Humble Verlag – ISBN: 9789088791260

Deutsche Arthrose-Hilfe
Kann Knorpel heilen
Arthrose-Info Heft 8

Dosch Peter
Lehrbuch der Neuraltherapie
Haug Verlag – ISBN: 3 7760 0489 4

Heimel Heinrich
Blutwell-Übungen
Heinrich Schwab Verlag

Kelder, Peter
Die fünf „Tibeter
Knaur Verlag – ISBN: 3 426 77654 5

Koch, Helmuth
Die Dorn Therapie
Foitzick Verlag – ISBN: 3 929338 11 4

Long, Fei
Quantenheilung leicht gemacht
Sphinx Verlag – ISBN: 978 3 424 63041 1

Obeck, Prof. Victor
Isometrik
Scherz Verlag – ISBN:3426 4303 3

O`Driscoll, S.W.
Continuous passiv motion (CPM)
J. Rehabil Res Dev, Vol. 37 No. 2, 2000

Rieger-Krause, Waltraud
Jin Shin Jyutsu. Die Kunst der Selbstheilung
Südwest Verlag – ISBN: 978 3 517 06820 6

Schlieske, Ingrid
Japanisches Heilströmen
Rowohlt Taschenbuch – ISBN: 3 499 62056 1

Sielmann, Dr. med. Dieter
Medi-Taping. Schmerzfrei im Handumdrehen
Haug Verlag – ISBN: 3 8304 2116 8

Waldeck, Felicitas
Jin Shin Jyutsu. Schnelle Hilfe und Heilung
Nymphenburger Verlag – ISBN: 3485009091